Up

to

Dating

Endlich Frauen erobern

Impressum:

@ 2020

Autor: Leon Ledroix

Cover Bild: tredition

Lektorat: Christian Peters

Verlag: tredition GmbH, Halenreie 40-44, 22359 Hamburg

ISBN Paperback: 978-3-347-18145-8

ISBN Harcover: 978-3-347-18146-5

ISBN eBook: 978-3-347-17639-3

Bibliografie Informationen der Deutschen Nationalbibliothek:

Die Deutsche Nationalbibliothek verzeichnet diese Publikation in der Deutschen Nationalbibliografie; detaillierte bibliografische Daten sind im Internet über http://dnb.d-nb.de abrufbar.

INHALT

Du bist draußen unterwegs und triffst eine wunderschöne Frau, von der du dich kaum abwenden kannst. Du wünschst dir, den Rest des Tages mit dieser Dame zu verbringen, wenn nicht sogar die nächsten Tage, Wochen, Monate oder Jahre.

Aber wie reagierst du auf dann?

Vermutlich wie 80 % der deutschen Männer: Du unterschätzt deine Chance und gehst weiter, weil dir vorschwebt, dass ein Mann wie Du bei so einer tollen Frau keine Chance hat. Wahrscheinlich denkst du später noch an sie. Und daran, wie schön es wäre, wenn Du mit ihr einen tollen Tag verbringst, dem eine heiße Nacht folgt. Vielleicht versuchst du, deine Gefühle Alkohol zu ertränken oder ersticken zu lassen, indem du dich so gut wie möglich davon ablenkst. Schließlich spielen Männer wie du nicht in ihrer Liga und können maximal davon träumen, bei so einer heißen Frau zu landen und ihr emotional wie körperlich nahe zu sein.

Falls du zu den weniger Glücklichen gehörst, die ihre Traumfrau nur im Traum erobern, kannst du dein Leben ab sofort ändern. Wenn du die Inhalte dieses Werkes umsetzt, gehören deine Hemmungen bald der Vergangenheit an und du erfährst Möglichkeiten, wie du überall tolle Frauen so ansprichst, dass sie dich gerne näher kennenlernen. Ohne dich dabei zu verstellen, weil du selbstbewusst deine Qualitäten ausspielst.

Du musst sie nur erkennen und entsprechend kommunizieren. Diese Lektüre bringt dich auf den richtigen Weg. Selbst wenn der erste Kuss für dich bisher nur Illusion geblieben ist, wird dieser Umstand deine Zukunft nicht negativ beeinflussen, sobald du weißt, wie du Enttäuschung überwinden kannst, um optimistisch in die Zukunft zu schauen. Veränderung beginnt im Kopf und lässt sich kaum noch aufhalten, wenn sie erst mal in Rollen gekommen ist.

Ein kurzer Hinweis für mögliche weibliche Leser: Dieses Werk richtet sich in erste Linie an Männer und ist daher in der männlichen Schreibform verfasst. Sollten also Frauen dieses Buch lesen, was grundsätzlich in Ordnung ist, bitte ich sie daher um Verständnis.

MANGELNDES SELBSTBEWUSSTSEIN

An einem sonnigen Tag im Juni ging ich draußen spazieren. Als sich mir plötzlich eine junge Frau mit schwarzem Haar zu einem eleganten Zopf geflochten, anmutig, energisch, aber doch sensibel wirkend war ca. 10 Meter entfernt beim Jogging offenbarte. Und mich durch ihre Ausstrahlung derartig überwältigte, dass ich zunächst den Kopf senkte, weil ich mich nicht traute, sie anzuschauen. Ich wollte trotzdem unbedingt Kontakt aufnehmen. Deshalb ich langsam meinen Kopf, während ich in ihre Richtung schaute... und merkte plötzlich, dass sie mir entgegenblickte.

Weshalb ich mein Haupt wieder abrupt senkte! Wahrscheinlich wollte sie gar nicht ständig Männern begafft werden. Vermutlich schon gar nicht von Männern wie mir.

Und so trennten sich unsere Wege, wir begegneten uns nie wieder. Ende der Geschichte. Minuten später redete ich mir ein, dass ich für sie sowieso viel zu unsportlich bin, weshalb es sinnvoll war, sie gar nicht erst anzusprechen. Sie hätte sich sowieso gestört gefühlt, da sie weiter joggen wollte. Und überhaupt ist sie bestimmt heilfroh, wenn sie Männer wie mich erfolgreich abschrecken kann.

Dabei bekundete sie bereits dadurch Interesse, weil sie in meine Richtung blickte. Schließlich hätte mich die junge Frau einfach ignorieren, ja sogar wegschauen können, anstatt Blickkontakt zu suchen. Dieser Umstand drang damals nur leider nicht in mein Bewusstsein, weil ich zu große Angst vor einer Ablehnung hatte. Was wäre bloß geschehen, wenn ich sie angesprochen oder mich sogar mit ihr verabredet hätte? Vielleicht wäre es nicht bei einem Date geblieben. Womöglich hätten wir alle tolle Zeit erlebt, mit intimen Momenten und Sex.

TEUFELSKREIS DER ABLEHNUNG

Die zuvor beschriebene Situation war natürlich kein Einzelfall. Früher oder später traf ich zufällig immer wieder Frauen, die ich wahnsinnig attraktiv fand, aber niemals traute ich mich, die Initiative zu ergreifen. Ein scheuer Blick Richtung der Person, die unerreichbar erschien, war in Idealfall das höchste der Gefühle. Diese Situation machte mich fertig. Außer mir schien jeder Mann glücklich liiert zu sein und verstand sich zudem noch mit jenen Frauen, denen ich unbedingt näher kommen

wollte. Da ich eine Ausbildung im sozialen Bereich absolvierte, war die Frauenquote ziemlich hoch. Aber aus irgendeinem Grund wollten diesen Frauen auch nicht in meiner Nähe sein, sondern gingen mir sowohl in der Ausbildung als in Praktika oder später im Job häufig aus dem Weg und suchten lieber die Gesellschaft von anderen Personen. Auch jene von anderen Männern.

Natürlich kam ich hin und wieder auch mit teils sehr attraktiven Frauen ins Gespräch, etwa weil es in der Ausbildung Gruppenaufgaben gab oder ich mit einer Kollegin zu betreuende Menschen von der Werkstatt abholte. Allerdings distanzierten sich viele Frauen oft und sprachen nur mit mir, wenn es im Kontext von Ausbildung oder Beruf notwendig war, um der jeweiligen Aufgabenstellung gerecht zu werden.

Diese Form der Ablehnung reduzierte mein Selbstbewusstsein noch zusätzlich und ließ meine mentalen Hemmungen immer größer werden. Mein Frust wuchs hingegen ins Unermessliche, was häufig ein Wechselbad der Gefühle von Aggressivität und Resignation führte. Und weil ich diese Gefühle nicht verschleiern konnte, verstärkte sich dieser Effekt nur noch. Darüber hinaus wurde ich gegenüber Menschen, insbesondere Frauen, immer misstrauischer, erwartete ich doch bereits im Vorfeld, das sie mich verletzen oder zumindest ablehnen werden. Je mehr Ablehnung ich erfuhr, desto stärker wuchsen Frustration und Misstrauen. Ich befand mich in einem Teufelskreis, aus dem es kein Entrinnen gab.

Oder etwa doch?

Damals war mir leider noch nicht bewusst, dass ein richtiges Selbstbewusstsein die nötige Energie entfesselt, die sich automatisch nicht nur auf mich, sondern auch auf meine Mitmenschen inklusive Frauen, überträgt. Denn damals war meine destruktive Energie viel zu oft allgegenwärtig und hat mir etliche Chancen geraubt.

Wie sieht es bei dir aus?

Gehst du optimistisch in Tag und auf andere Menschen zu und ist da etwas, das dich, ob nun bewusst oder unterbewusst hemmt, also davon abhält, Dinge in Angriff zu nehmen, die du dir zwar wünschst, aber einfach nicht zutraust?

Falls ja, ist es für dich wichtig, eine andere Haltung zu entwickeln. Denn sie entscheidet lüber deine Handlung und nur wenn du handelst, kannst du deinen Zielen näher kommen.

Wenn es dir schwerfallen sollte, Selbstbewusstsein und deine Männlichkeit zu stärken, findest du unter dem folgenden Link eine zusätzliche Starthilfe, die vielleicht ganz interessant sein könnte: www.ledroix-werdemaskulin.de

BEWUSSTE ENTSCHEIDUNG

Als junger Erwachsener glaubte ich niemals daran, die Frau meiner Träume zu erobern. Aber es war damals mein Wunsch, den ich nicht ignorieren konnte. Deshalb traf ich bewusst die

Entscheidung, alle möglichen Hebel in Bewegung zu setzen, damit ich persönlich dafür sorgen kann, dass dieser Wunsch Realität wird.

Doch nun zu dir!

Wenn du entgegen deiner Wünsche nicht liiert bist und dein Dasein als Single beenden willst: Herzlichen Glückwunsch, du hast die richtige Wahl getroffen!

Es klingt vielleicht banal, aber solltest du noch daran zweifeln, ist es an der Zeit, diese Zweifel loszuwerden, worauf in den nächsten Kapiteln näher eingegangen wird. Jetzt ist es wichtig, sich bewusst dafür zu entscheiden, denn nur so ist es möglich, dass der erwünschte Zustand eintreffen wird.

Du solltest dein persönliches Glück also nicht dem Zufall überlassen, indem du z. B. darauf hoffst, von Freunden oder Bekannten zufällig mit der richtigen Frau verkuppelt zu werden, die sich dann zufällig in dich verliebt. Natürlich sollte diese Möglichkeit nicht kategorisch ausgeschlossen werden, aber wie hoch ist die Wahrscheinlichkeit, dass so ein Szenario zutrifft?

Auch solltest du nicht damit rechnen, dass sich dir eine schöne Frau nähert und dann alles von selbst läuft. Denn selbst wenn das in bestimmten sozialen Bereichen wie der Arbeit oder einer Party der Fall ist, wird diese Frau zu einem bestimmten Zeitpunkt erwarten, dass du ihr Interesse erwiderst, also selbst die Initiative ergreifst.

Solltest du nur sehr wenig Kontakt zu Frauen haben, darfst du deine aktuelle Situation niemals als „Gegebenheit" oder „Schicksal" hinnehmen. Wie schon zuvor erwähnt: Veränderung beginnt im Kopf! Bereits Henry Ford erkannte: „Sie können glauben, dass sie es schaffen, und Sie können glauben, dass Sie es nicht schaffen. In beiden Fällen werden Sie recht behalten".

Falls du daran zweifeln solltest: Ich weiß selbst, wie schwer es ist, an etwas zu glauben, dass ich als unrealistisch einstufe. Aber was spricht dagegen, es zu versuchen? Ich selbst habe es versucht, sehr lange gebraucht und es irgendwann geschafft. Sogar ganz ohne Magie oder Zaubersprüche.

Solltest du jetzt noch zweifeln, kommt Dir eventuell der Satz á la „Aber wie soll das gehen?" in den Sinn. Wie es geht, erfährst du in den folgenden Kapiteln. Jetzt musst du dich bewusst dafür entscheiden, es zu versuchen. Denn sei dir einer Tatsache stets bewusst: Du kannst es lernen!

DIE ERKENNTNIS

Heute ist mir bewusst, dass ich kein hoffnungsloser Fall bin, weil mir durch verschiedene Signale von Frauen(dazu später mehr), immer wieder auffällt, wie viele an mir interessiert sind.

Was aber noch besser ist: Das kann für jeden Mann möglich sein!

Denn ich nicht reich, besonders sportlich, sehr gebildet oder exorbitant beliebt. Du fragst dich jetzt womöglich, wie ich überhaupt attraktiv sein kann, wenn keines der zuvor genannten Attribute zutrifft?

Die Antwort ist simpel: Ich bin selbstbewusst.

Was nicht daran liegt, dass ich mir Stärken einbilde oder mich unangemessen hoch anpreise, denn beides ist nicht der Fall. Es würde bei mir sowieso nicht funktionieren, da ich kein guter Schauspieler bin. Davon abgesehen fällt es vielen Frauen leicht, eine aufgesetzte Masche zu durchschauen, die für das weibliche Geschlecht ein echter Abturner ist.

Deshalb mache ich mir meine persönlichen Stärken und Schwächen einfach selbst bewusst. Und ja, ich konstruierte den letzten Satz absichtlich so, damit die letzten zwei Wörter zusammengefügt das Wort „selbstbewusst" ergeben. Woraus sich wieder wunderbar das Wort „Selbstbewusstsein" ableiten lässt. Selbstbewusstsein verlangt also nicht, das sich ein Mensch die größte, schönste, reichste, intelligenteste, einflussreichste oder sportlichste Person sein muss. Oder sich zumindest als diese Person ausgibt. Eine selbstbewusste Person kennt ihre Stärken und Schwächen. Und sobald erkannt wird, wie die eigenen Stärken, ob nun beruflich oder privat, genutzt werden können, resultiert daraus Selbstvertrauen, das wiederum zu Optimismus führt.

Und diese Eigenschaft finden sehr viele Frauen bei Männern äußerst attraktiv! Nicht zuletzt, weil Selbstvertrauen von Frauen unbewusst als Zeichen von Männlichkeit interpretiert wird.

Welche wiederum suggeriert, dass dieser Mann sie beschützen und sexuell befriedigen kann. Selbstvertrauen ist also ein mächtiges Aphrodisiakum. Dabei spielt es gar keine Rolle, ob der männliche Mann nur durchschnittlich oder sogar unterdurchschnittlich aussieht, wenn er seine Optik durch selbstbewusst aufwerten und allein damit kompensieren kann.

SELBSTBEWUSSTSEIN STÄRKEN

Selbstbewusstsein ist die wichtigste Eigenschaft. Und das Schönste daran: Jeder kann sie entwickeln. Ich persönlich bin weder reich, sportlich oder sonderlich gebildet und besitze auch keine anderen außergewöhnlichen Fähigkeiten. Dafür kann ich gut genug mit Worten umgehen, lasse mich nicht automatisch durch jede Form der Kritik beirren(u.a. deshalb, weil mir klar ist, nicht unfehlbar zu sein) und nehme mich so an, wie ich bin. Nicht mehr und nicht weniger! Ich bin mir nicht nur meiner Stärken, sondern auch meiner Schwächen bewusst. Und darum geht es ja beim Selbstbewusstsein. Noch dazu leugne und verstecke ich weder meine Wünsche noch meine Emotionen, wodurch ich heute authentisch und entspannt wirke.

Da du nun sicher verstehst, dass es sich bei echtem Selbstbewusstsein nicht um Hexenwerk, perfektioniertes angeben oder Augenwischerei handelt, ist dir seine Relevanz garantiert bewusst. Und sollte dein Selbstbewusstsein noch

aufgewertet werden können, liegt es wahrscheinlich auf der Hand, dass du dich besser heute als morgen diesem Thema widmest. Doch wie lässt sich echtes Selbstbewusstsein steigern?

ERKENNE DEINE QUALITÄTEN

Für welche Charaktereigenschaften wurdest Du im Laufe deines Lebens gelobt? Ja, es geht hier primär um Eigenschaften, die dich als Persönlichkeit definieren und nicht um Erfolge in der Schule, dem Job oder Verein. Hier geht es jetzt nicht darum, einen Abschluss nachzuholen oder einen Pokal zu gewinnen, sondern die Annahme deines Charakters, damit du genügend Mut entwickelst, um keinem potenziellen Flirt einzulassen, anstatt ihm provisorisch aus dem Weg zu gehen.

Also: Welche Eigenschaften definieren dich als Person? Womöglich soziale Kompetenz, Geduld, Ehrgeiz, Loyalität oder Begeisterungsfähigkeit? Mit größter Wahrscheinlichkeit mindestens eines der genannten Attribute. Und mit Sicherheit noch viele weitere.

Welche deiner persönlichen Eigenschaften kommen dir spontan in den Sinn? Welche fallen dir erst später ein?

Du kannst auch Freunde, Kollegen oder Verwandte fragen, wenn dich mit ihnen eine freundschaftliche Beziehung verbindet.

Erstelle dir bei Bedarf Liste deiner Stärken. Führe dir deine Stärken auf jeden Fall ein bis zweimal täglich vor Augen, damit du sie nicht aus dem Bewusstsein verlierst.

BEDINGUNGSLOSE ANNAHME

Viele Menschen beurteilen sich zumindest gelegentlich auf der Basis von ausgesprochener und unausgesprochener Kritik(etwa durch Blicke, Mimik oder Gestik) ihres sozialen Umfelds. Um das eigene Selbstvertrauen zu stärken, ist es jedoch sinnvoller, sich in erster Linie auf deine eigene Meinung zu verlassen.

Dabei ist es gar nicht notwendig, kritikresistent zu werden. Es geht nicht darum, Schwächen zu leugnen oder perfekt zu sein, zumal ohnehin kein Mensch perfekt ist. Davon abgesehen ist es äußerst relevant, bestimmte Defizite von persönlichen zu differenzieren. In meiner Jugend wurden bei mir z. B. verlangsamte Gehirnströme festgestellt und mein Übergewicht bin ich bis zum heutigen Tag nicht komplett losgeworden. Dabei handelt es sich um Defizite, die kritisiert werden können. Aber degradieren sie mich zu einem Menschen zweiter oder dritter Klasse? Ich denke nicht!

Natürlich lassen sich auch Charakterwerte kritisieren. So sehen es Vorgesetzte etwa nicht selten als kritisch an, wenn ich in meiner Position zu viel Selbstbewusstsein an den Tag lege. Ich denke allerdings: Warum denn nicht? Soll ich mich dafür schämen, dass ich organisiert bin? Ehrgeiz an den Tag lege? Und die Menschen, mit denen ich arbeite, wiederholt positiv beeinflussen kann?

Doch selbst wenn es nicht gut läuft, sind z. B. Geduld, Durchhaltevermögen und persönliches Engagement Eigenschaften, die in kritischen Situationen für eine Stabilisation der aktuellen Lage sorgen können. Sowohl beruflich als auch privat.

TAUSCHE NEGATIVE GEDANKEN GEGEN POSITIVE

Falls du schon häufig von einer schönen Frau abgewiesen wurdest, ob verbal oder nonverbal, könnte sich deine Angst vor dem Anschauen oder Ansprechen verstärken. Insbesondere dann, wenn du nach einer Abfuhr glaubst, ihr nicht würdig zu sein. Ich habe diese Sichtweise viel zu lange mit mir rum geschleppt. Selbst wenn sie auf den ersten Blick logisch erscheint, ist sie bei differenzierter Betrachtung alles andere als rational.

Vielleicht hast du bei ihr evtl. durch Unsicherheit oder Pessimismus einen falschen Eindruck erweckt. Auch die intelligenteste Frau kann häufig nur vor, deinen Kopf schauen. Eventuell hast du ihr Dank deiner Körpersprache aber auch versehentlich Signale vermittelt, die keine Rückschlüsse auf deine ehrliche Absicht zulassen.

Es kann sein, dass sie dich sympathisch findet, jedoch schon liiert ist oder sich sogar infrage stellt, ob sie für dich gut genug ist. Davon abgesehen: Wie lässt sich denn objektiv beurteilen, ob dem so ist oder nicht? Ganz genau: Gar nicht! Denn Meinungen zu einer Person und dem, was ihr zusteht, sind von Natur aus subjektiv. Und nein, ich plädiere hiermit nicht für die Abschaffung von nicht objektiven Gedanken. Aber doch dafür nicht jedem von ihnen zu viel Gewicht beizumessen.

DISTANZIERE DICH VON ZWEIFLERN

Es wird immer Menschen geben, die deine Persönlichkeit infrage stellen, vielleicht greifen dich manche deshalb auch direkt an. Distanziere dich daher innerlich ausdrücklich von diesen Leuten!

Im beruflichen Kontext kann bestimmte Stellung im Betrieb oder niedrigerer akademischer Grad dazu führen, dass du von manchen Personen pauschal als minderwertig eingestuft wirst. Es kann genauso gut sein, das dir aufgrund einer Vorliebe für „fragwürdige" Medieninhalte wie diverse Fernsehserien oder

Videospiele ein fragwürdiger Charakter attestiert wird. Wohlmöglich sogar dafür, dass du öffentlich flirtest.

Lass dich davon nicht beirren!

Jeder Mensch darf von dir denken, was du willst, selbst wenn diese Gedanken der größte Nonsens sind. Du musst sie deshalb ja noch lange nicht annehmen, zumal eigenständiges Denken niemandem schadet. Gleiches gilt für sogenannte Hater auf Social-Media-Plattformen. Also Nutzer, die gezielt beleidigen, beschimpfen, teilweise im Extremfall sogar Morddrohungen formulieren. Oder bestimmten Menschen den Tod wünschen.

Für jegliche Personen, mit denen du dich, ob nun auf beruflicher oder privater Ebene befassen musst, gilt: suche innerliche Distanz. Versuche aber bitte nie, gegenüber diesen Leuten deinen eigenen Standpunkt aktiv zu verteidigen! Zum einen verschwendest du in 99 von 100 Fällen nur deine Energie, die du sinnvoller nutzen kannst. Zum anderen können dir diese Personen gerade im beruflichen Kontext, dass Leben unnötig erschweren.

Distanziere dich so gut wie möglich von negativ erlebten Beziehungen. Du willst schließlich Selbstvertrauen aufbauen. Und beim Flirten spielen solche Personen ohnehin keine Rolle.

SUCHE MENSCHEN DIE DICH POSITIV MOTIVIEREN

Suche stattdessen nach optimistischen, selbstsicheren und erfolgreichen Leuten, mit denen du dich umgeben kannst. Jeder Mensch ähnelt häufig jenen 5 Personen, mit denen er die meiste Zeit verbringt.

Was wohl passiert, wenn du dich mit fröhlichen, optimistischen und erfolgreichen Freunden oder Bekannten umgibst, die dir sympathisch sind? Dann wird ihre Haltung mit größter Wahrscheinlichkeit auf dich abfärben! Suche im Idealfall auch nach Menschen, welche schon Ziele erreicht haben, an die du noch gelange möchtest. Also z. B. einen Mann bereits glücklich liiert ist. Oder souverän mit Frauen flirten kann, vielleicht ja sogar beides.

Was aber, wenn es dir schwerfällt, so sympathische wie erfolgreiche Menschen kennenzulernen? Dann nutze das Internet. Gerade bei YouTube gibt es einige Flirt-Profis, die zum Teil sehr nützliche Tipps mitteilen. Suche jene Person, die dich am meisten anspricht und lasse dich inspirieren!

KEINE VERGLEICHE DIE DEINEM SELBSTVERTRAUEN SCHADEN

Vermeide Gedanken, die mit „Ich bin nicht so schön wie..." „Ich bin nicht so beliebt wie..." oder „Ich bin nicht so erfolgreich wie..." beginnen. Sowie alle Gedanken ähnlicher Natur.

Denn jeder Mensch, also auch jeder Mann, ist individuell und kann mit all seinen Stärken und Schwächen für Frauen sehr attraktiv sein. Selbst wenn er nicht reich und berühmt ist oder im Beruf eine hohe Stellung einnimmt. Viele Männer wissen zwar, wie sie heiße Frauen erobern können. Dafür scheitern auch viele dieser Beziehungen.

Widme dich also lieber deinen eigenen Stärken, anstatt dich mit anderen zu messen. Mir persönlich ist bewusst, dass es da draußen sehr viel männliche Konkurrenz gibt, die mir in Teilaspekten überlegen ist und es auch immer sein wird. Zwar versuche ich mich ständig auf verschiedenen Ebenen zu verbessern. Jedoch nicht mit der Motivation, romantische Mitbewerber möglichst effizient auszustechen.

Denn Konkurrenz wird es immer geben. Doch so lange sich mein „Angebot" von anderen abhebt und genug weibliche Interessenten anlockt, ist das kein Problem.

An meinem aktuellen Ort, wo ich viel Zeit verbrachte, befinden sich beispielsweise nun schon seit über 10 Jahren eine Filiale von McDonalds und eine von Burger King, die weniger als 20 Meter voneinander getrennt sind.

Beim Flirten verhält es sich nicht anders: Nur weil es Konkurrenz gibt, bist du nicht automatisch chancenlos, da du individuelle Qualitäten mitbringst. Davon abgesehen haben auch die erfolgreichsten Menschen Fehler, die sie nicht oder wenn überhaupt sehr ungern nach außen hin kommunizieren.

MEHR MUT ZUM SEIN

Lass dich nicht von der Meinung anderer Leute irritieren, sondern zeige deine persönlichen Eigenschaften, denn sie machen dich individuell und interessant! Selbst wenn du dabei gegen Konventionen verstößt. Wenn du heimlich, still und leise durch dein Leben schleichst, fällst du nicht oder nur sehr selten negativ auf. Aber eben auch nicht positiv. Und wirkst auf sämtliche Frauen im Zweifelsfall unmännlich, die sich lieber nach einem selbstbewussten Kerl umschauen.

Natürlich gibt es Verhaltensweisen, die pauschal mehr Menschen abschrecken als anziehen. Zum Beispiel, wenn du im Restaurant ein Glas gegen die Wand werfen würdest. Was du wahrscheinlich ohnehin nicht vorhast.

Wenn du dich aber so gibst wie „jeder andere", darfst du die nicht viel Aufmerksamkeit von heißen Frauen erhoffen. Die nicht zu „jedem anderen", sondern einem mutigen Mann hingezogen werden. Denn Mut bedeutet Männlichkeit und diese ist attraktiv. Ein selbstsicherer Mann lockt Frauen an. Und lässt sich auch von kritischen Blicken oder Aussagen nicht aus der Bahn werfen.

Selbst dann nicht, wenn er manchmal Spott oder Hohn über sich ergehen lassen muss. Selbstbewusste Menschen polarisieren nun einmal genauso wie erfolgreiche. Unabhängig davon, ob sie Helene Fischer oder Justin Bieber heißen oder einen ganz anderen Namen tragen. Eine tolle Frau will einen Mann mit Charakter, der zu diesem steht und sich nicht unnötig verbiegen muss.

KEINE SCHWARZMALEREI

Die größte Hemmschwelle beim Flirten ist die innere Haltung. Falls du dir lebhaft vorstellst, dass die Ablehnung einer Frau negative Konsequenzen mit sich bringt, versuchst du es gar nicht erst.

Wäre meine damaligen Gedanken heute noch existent, wäre folgendes Geschehen, nachdem ich eine Dame vor außerhalb meiner Wohnung angesprochen hätte: Eine Energische hätte mich entweder aggressiv zurückgewiesen und gefragt, wie minderwertiger Mann, wie ich es wagen kann, eine Frau anzusprechen, die in absolut jeder Hinsicht besser ist. Oder sie hätte mich zehn Minuten lang ausgelacht. Wäre die von mir angesprochene Dame hingegen sensibel gewesen, hätte sie begonnen zu weinen, weil die Vorstellung, mit mir Zeit zu verbringen, für sie absolut traumatisierend ist.

Davon abgesehen hätten mich alle Personen, die dieses Ereignis mitverfolgen, ebenfalls ausgelacht, vor allem die Frauen. Eine von ihnen hätte meinen gescheiterten Versuch zudem mit ihrer Handy-Kamera gefilmt und diese Aufnahme später mit dem Titel „Peinlicher Mann versagt auf ganzer Linie!" bei YouTube und allen anderen sozialen Medien veröffentlicht, woraufhin sich auch alle Personen, die das Video kommentieren, über mich lustig gemacht hätten. Und natürlich vor allem Frauen, die alle jenes Emoji nutzen, dem vor Lachen Tränen in die Augen schießen. Davon abgesehen wären etliche „Reaction-Videos" von weiblichen Youtubern gefolgt, die sich ebenfalls über mich lustig machen und dabei betonen, wie lächerlich mein Versuch gewesen ist.

Irgendwann wäre die Nachricht meiner gescheiterten Bemühung auch im Boulevardmagazin „Taff" gelandet, wodurch ich zum überregionalen Gespött avanciert wäre. Was wiederum zur Folge hätte, dass mich jede weibliche Person, der ich begegne, auslacht, so das mich letztendlich keine Frau als potenziellen Partner einstuft und ich immer einsam bleiben würde.

Zugegeben: Ein Großteil dieser fiktiven Story lässt sich heute schon aufgrund der DSGVO nicht rechtskonform umsetzen. Davon abgesehen verstehst du, dass diese im Kopf ersonnene Entwicklung dieses Flirts allein auf Schwarzmalerei beruht.

Doch welches Szenario wäre realistisch?

Vielleicht hätte die von mir angesprochene Frau sich mit mir unterhalten oder sogar verabredet, eventuell aber auch nicht. Womöglich hätte sie mich schroff abgewiesen und danach räumliche Distanz gesucht. Es ist ebenfalls nicht auszuschließen, dass in der Nähe stehende Personen über mich gelacht hätten. Und danach? Geht mein Leben genau so weiter, wie es vorher der Fall war. Das von meiner befürchtete Drama wäre jedoch nie eingetroffen.

Wahrscheinlich ist dir völlig klar, durch die Ablehnung einer Frau nicht zum öffentlichen Gespött zu werden. Hast aber vielleicht die Sorge, dass dein Ansehen bei diversen Personen leidet und sie den Respekt vor die verlieren. Oder befürchtest, dass dich bestimmte Menschen danach nicht mehr mögen?

Sollte dem so sein, stelle dir bitte folgende Frage: Warum sollte dich ein Mensch deshalb verurteilen? Wenn es sich um Personen handelt, die dich sowieso nicht leiden können und dir einen rein würgen wollen, könnte auf diesem Thema rum geritten werden. In diesem Fall braucht dich ihre Meinung zu deinem romantischen Interesse aber ohnehin nicht zu interessieren. Wenn es sich um Menschen handelt, mit denen ein freundschaftliches Verhältnis besteht, werden weniger sensible Gemüter kurz über dich lachen. Eventuell sogar eine überschaubare Zeit lang damit aufziehen.

Das wäre dann aber auch alles.

Das Schlimmste, was dir passieren kann, ist also zeitlich begrenzter Spott. Vielleicht auch von Männern, die sich nie trauen würden, eine weibliche Person anzusprechen, weil sie der Schwarzmalerei frönen. Und selbst wenn zu schauende Frauen lachen, könnten sie sich insgeheim bewundern. Weil du den Mut hattest, eine Geschlechtsgenossin zu kontaktieren, da sie wissen, dass viele andere Verehrer es gar nicht erst gewagt hätten. Unter Umständen gibt es auch ein paar böse Blicke nach dem Motto „So etwas gehört sich nicht!". Mitunter von Menschen, die auf diese Art und Weise vor ein paar Jahren selber ihre heutige Ehefrau kennenlernten. Denn so gut wie jeder Mann, der sich heute in einer Beziehung befindet, musste irgendwann den ersten Schritt gehen.

Und genau das kannst du auch!

DESTRUKTIVE GLAUBENSSÄTZE LOSWERDEN UND KONSTRUKTIVE ANNEHMEN

Destruktive Überzeugungssätze hemmen Menschen zu jeder Zeit in jedem Lebensbereich. Und werden schnell zu deiner Realität, wenn du nur stark genug daran glaubst. Natürlich solltest du dir auch nicht einreden, dass du immer sofort erfolgreich bist. Stell dir vor, ein Überzeugungssatz etwa „Ich mache einer fremden Frau einen Heiratsantrag, den sie annimmt!". Dann ist die Chance, dass solche Überzeugungen Wirklichkeit werden, äußerst gering. Insofern überhaupt vorhanden.

Ein destruktiver Glaubenssatz wie „Ich kann nie eine Traumfrau erobern!", wirkt viel stärker, wenngleich er mehr auf der eigenen subjektiven Einschätzung als der Realität beruht.

Ob du eine heiße Frau triffst, die du sehr anziehend findest, ist sicher zum Teil dem Zufall geschuldet. Wer sich aber regelmäßig außerhalb seiner eigenen vier Wände aufhält, steigert die Wahrscheinlichkeit, einer attraktiven Lady zu begegnen, schon mal enorm. Und wer vorhandene destruktive Glaubenssätze gegen positive austauscht, hat von Beginn an gleich viel größere Chancen als alle Männer, die fest daran glauben, dass sie zwangsläufig scheitern müssen.

Aber werfen wir zunächst einen Blick auf mögliche jene unvorteilhaften Gedanken, die dich evtl. hemmen könnten und ersetzen sie durch eine hilfreiche Haltung, damit du so mutig wie optimistisch auf Frauen zugehen kannst.

Destruktiver Glaubenssatz:

- „So eine schöne Frau kann ich nicht erreichen"

Daran hatte ich persönlich selbst sehr oft gedacht, aber realistisch betrachtet ergibt dieser Satz keinen Sinn, weil Frauen das Aussehen nicht so hoch bewerten wie Männer. Ein gepflegtes Erscheinungsbild ist zwar relevant, du musst dafür aber keine natürliche Schönheit sein, doch dazu später mehr. Wenn du dir das Aussehen von Männern betrachtest, die mit ihren Partnerinnen unterwegs sind, verstehst du sicher, was ich meine. Kommt es bei Vertretern des weiblichen Geschlechts vielmehr auf die Persönlichkeit an.

Konstruktiver Glaubenssatz:

- „Ich kann so eine schöne Frau erreichen, weil es auf meine Persönlichkeit ankommt."

Destruktiver Glaubenssatz:

- „Sie ist garantiert schon vergeben."

Woher willst du das wissen? Gerade sehr gut aussehende Frauen werden viel seltener von Männern angesprochen. Doch selbst wenn sie bereits vergeben sein sollte, kannst du es vorab nicht wissen. Und das ist den meisten Frauen klar, wenn sie ohne Mann unterwegs sind. Falls eine Dame vergeben sein sollte, wird sie es dir bei Bedarf ohnehin mitteilen.

Natürlich sollte dein erster Satz ihr gegenüber nicht „Hallo, bist du noch Single?" lauten, weil du ihr damit suggerierst, dass sie zur Verfügung stehen sollte, falls sie mit „ja" antwortet. Was ihr gegenüber zu wenig Wertschätzung transportiert. In vielen Situationen merkt die Gesprächspartnerin ohnehin, dass du an ihr interessiert bist und so lange sie dir zuhört oder mit dir spricht, ist deine Anwesenheit willkommen.

Konstruktiver Glaubenssatz:

- „Vielleicht ist sie Single und wünscht sich Gesellschaft! Falls nicht, wird sie es mir sagen."

Destruktiver Glaubenssatz:

- „Sie will keinen Partner!"

Falls sie gerade von ihrem Ex verlassen oder sogar betrogen wurde, ist es möglich, dass sie zurzeit alle Männer hasst. Anhand von Signalen, auf die später eingegangen wird, kannst du erkennen, ob sie an deiner Gesellschaft interessiert ist oder nicht. Es sei zudem noch angemerkt, dass manche Frauen sogar explizit nach einem Partner suchen! Doch selbst wenn nicht, haben wenige weibliche Singles häufig nichts dagegen, wenn ein charmanter Mann um ihre Gunst wirbt(und auch Liierte könnten sich geschmeichelt fühlen).

Konstruktiver Glaubenssatz:

- „Vielleicht sucht sie einen Partner? Ich finde es heraus!"

Destruktiver Glaubenssatz:

- „Ich belästige sie durch meine Anwesenheit"

Beim Flirten ist nicht nur relevant, „das" du dich einer Frau annäherst, sondern auch „wie". Ein Spruch wie „Hey, Süße! Unternimm was mit mir!" ist zu fordernd und setzt sie zu stark unter Druck. Was bei einem schüchternen Lächeln viel weniger oder gar nicht der Fall wäre.

Zumal es sich hierbei um einen Flirt und nicht um anbaggern handelt, da du nicht direkt Kontakt einforderst. So lange du eine Frau also nicht unter Druck setzt, sollte sich ihr Stresslevel in Grenzen halten. Zwar lässt sich auch unabsichtlich Stress auslösen, in diesem Fall kannst du dich aber höflich zurückziehen. Und flirtest du mit einer Frau, die vorab schon Interesse an deiner Person signalisierte, wird sie sich bei einer Kontaktaufnahme deinerseits nicht belästigt fühlen. Es sei denn, du fällst mit einer Handlungsaufforderung wie „Küss mich!" gleich mit der Tür ins Haus. Doch das hast du nicht vor.

Konstruktiver Glaubenssatz:

- „Wenn ich sie nicht unter Druck setze, kann ich sie ansprechen."

Destruktiver Glaubenssatz:

- „Sie wird mich bloß stellen!"

Bloß stellen steht unter anderem für „sich blamieren" und „in eine peinliche Lage geraten". Wann du dich blamiert fühlst, hängt dabei in erste Linie von deiner Gemütslage und Sensibilität ab. Wenn du zunächst Selbstvertrauen aufbauen willst, findest du in einem späteren Kapitel Methoden, um es zu steigern.

Ist dieses erst einmal vorhanden und wächst Tag für Tag, wird es einer Frau gar nicht mehr möglich sein, dich bloß zu stellen. Unabhängig davon, wie sie auf dich reagiert.

Du weißt: Im schlimmsten Fall wirst du ausgelacht. Was besonders dann sein kann, wenn du äußerst schüchtern rüber kommst. Da Frauen sich auch heute noch sehr oft als das schwache Geschlecht wahrnehmen, weshalb es sie belustigt, wenn ein Mann schwächer wirkt. Ich erinnere mich an eine heiße Lady, die an einer Bushaltestelle über mich lachte, da mich ihre Präsenz einschüchterte. Sekunden später dachte ich „Wenn sie über mich lacht, hat sie keine Angst vor mir!" und versuchte Blickkontakt herzustellen. Woraufhin sie plötzlich weit weniger sicher wirkte, was zur Folge hatte, dass sich lieber ein paar Meter von mir entfernte.

Wäre sie mit einer Gruppe von Freundinnen mit ähnlicher Einstellung unterwegs gewesen, hätten diese ebenfalls über mich gelacht. Ist sie hingegen allein, fällt die Reaktion daneben stehender Menschen wiederum viel unterschiedlicher aus. Möglicherweise lachen einige Männer, die so ihre eigene Unsicherheit leugnen oder sich bei der Frau einschleimen wollen. Obwohl ihnen bewusst ist, dass sie im Vergleich zu dir nicht den Mut haben, sie anzusprechen.

In jedem Fall hängt das Bloßstellen davon ab, wie du dich selbst in dieser Situation fühlst. Nur weil dir etwas vor fünf Jahren peinlich war, muss es das heute nicht mehr sein.

Konstruktiver Glaubenssatz:

- „Auch wenn mich Frauen auslachen, fühle ich mich nicht bloß gestellt!"

Destruktiver Glaubenssatz:

- „Ich habe Übergewicht und bin ein Zwerg!"

Falls du es bis dato nicht verinnerlicht haben solltest: Das Aussehen ist für Frauen nicht von großer Bedeutung. Auch dicke Männer können bei Heißen landen, wovon ich mich persönlich überzeugen konnte, da ich schon erfolgreich flirtete, als mein Körperumfang früher 30 kg über dem Idealgewicht lag. Natürlich sind die Chancen noch höher, wenn sich der eigene Körperfettanteil dem Normalgewicht annähert.

Letztendlich ist deine Einstellung zum Übergewicht jedoch viel wichtiger. Falls du trotz zu vieler Pfunde in hohem Maß hochkalorische Nahrung konsumierst und den Eindruck erweckst, das dich dein Körpergewicht nichts angeht, werden sich viele Frauen abwenden. Wenn du aber versuchst, dein Übergewicht zu reduzieren, sieht die Sache schon ganz anders aus. Selbst dann, wenn du es nicht im gewünschten Maße schaffst. Weil du dir Mühe gegeben hast, dieses Ziel zu erreichen, was ein hohes Maß an Disziplin und Entschlossenheit erfordert.

Also Charaktereigenschaften, die als positiv angesehen werden. Und wenn es ein Mann geschafft hat, vorhandenes Übergewicht loszuwerden, ist das durchaus beeindruckend.

avon abgesehen kann er neugierigen Frauen Tipps geben. Weil Vertreter des weiblichen Geschlechts mit ihrem eigenen Körpergewicht eher selten zufrieden sind.

Falls du Übergewicht hast und es loswerden willst, kann ich persönlich die Ernährungsform „Low Carb" empfehlen. Mit der ich selbst über 10 Kilo abgenommen habe. „Low Carb" bedeutet „wenig Kohlehydrate". Demzufolge stehen bei dieser Ernährungsform Lebensmittel mit einem geringen Anteil an Zucker respektive Kohlehydraten auf dem Speiseplan. Da Kohlehydrate aus verschiedenen Zuckermolekülen bestehen.

Dafür dürfen Speisen mit hohem Eiweiß- und Fettanteil konsumiert werden, weil der Körper zuerst die überschüssigen, gespeicherten Zucker-Reserven verbrennt. Der Clou bei dem Ganzen: Dadurch wird mehr Zucker abgebaut als später zugeführt. Und sobald sich dein Stoffwechsel darauf eingestellt hat, verlierst du mit der Zeit automatisch Gewicht! Das dauert zwar ein paar Wochen. Wurde diese Umstellung jedoch erst einmal vollzogen, verlierst regelmäßig Körpergewicht.

Die eigene Körpergröße lässt sich im Erwachsenenalter hingegen nur durch entsprechendes Schuhwerk ändern, das ein paar Zentimeter hinzuaddiert. Sie muss allerdings gar nicht kaschiert werden.

Zwar stehen manche Frauen eher auf großgewachsene Männer, die sprichwörtliche Größe kann dafür ausgestrahlt werden, meint dieser Begriff nicht nur die reinen Körpermaße. Auch ein weniger groß gewachsener Kerl kann schöne das weibliche Geschlecht durch Eigenschaften wie Mut, Entschlossenheit oder Humor beeindrucken. Und dadurch imposanter als ein Geschlechtsgenosse wirken, der zwar über zwei Meter misst, aber dafür seine Persönlichkeit unter Verschluss hält.

Konstruktiver Glaubenssatz:

- „Ich kann sie trotz Übergewicht und/oder kleinerer Körperlänge erobern!"

Destruktiver Glaubenssatz:

- „Ich zu jungen oder alten Mann will sie nicht!"

Sagt wer? Manche Frauen heiraten Männer, die 20 Jahre jünger sind, wieder andere haben einen Ehemann, der doppelt so alt ist. Es hängt alles von der persönlichen Vorliebe ab, die sich herausfinden lässt.

Konstruktiver Glaubenssatz:

- „Das Alter sollte nicht zu hoch bewertet werden!"

DIE VERPACKUNG

Für die meisten Frauen spielt es keine große Rolle, ob ein Mann blendend aussieht oder nicht. Viel wichtiger ist, dass er sich regelmäßig pflegt. Denn wer primär durch ein T-Shirt mit Flecken, unreiner Haut und unter Umständen unangenehmen Geruch auffällt, vermittelt logischerweise nicht das beste Bild von sich selbst. Was aber heute manchen Männern noch immer nicht bewusst ist. So setzte sich etwa einmal ein ungepflegt wirkender Geschlechtsgenosse im Bus neben eine attraktive Frau. Und kaum das sein Hintern den Sitz berührte, sprang sie bereits auf und suchte das Weite. Wer es also noch nicht gewusst haben sollte: Ein ungepflegtes Erscheinungsbild vergrault Frauen mit höchster Effizienz.

Darum ist es wichtig, sicher zu stellen, durch die eigene Verpackung beim Flirten keine Nachteile in Kauf zu nehmen. Sondern sich vielmehr vorteilhaft zu präsentieren.

DEINE HAARE

Eine Gesichtsfarbe mit gesunder Rötung ist generell von Vorteil, da sie Aktivität und Sportlichkeit suggeriert. Und muss nicht zwangsläufig im Fitnessstudio generiert werden, sondern lässt sich auch durch ein gewisses Pensum an körperlicher Bewegung erreichen. Pickel oder ähnliche Unreinheiten sollten Frauen beim Blick in dein Gesicht nach Möglichkeit nicht begrüßen.

Bei der Frisur wählst du am besten einen Haarschnitt, der zu dir passt. Für den Fall, dass sehr weniger Haare auf deinem Haupt sein sollten. Auch Männer mit Glatze können äußerst attraktiv sein, Bruce Willis ist da beste Beispiel.

Falls du einen Bart trägst, sollte dieser ebenfalls zu deinem Naturell passen. Es sei jedoch angemerkt, das im Schnitt nicht viele Frauen einen Mann mit Vollbart attraktiv finden.

Haare, die aus Körperöffnungen wie der Nase oder dem Ohr sprießen, sind zu vermeiden, ekeln sich viele Damen geradezu davor! Sollten sie also aus diesen hinaus wachsen, schau dir dein Gesicht jeden Morgen oder Abend im Spiegel an, um sie rechtzeitig zu entfernen.

Haare auf der Brust findet wiederum jede 2. Frau erotisch, ein zu stark behaarter Rücken ist allerdings unattraktiv. Auch im Intimbereich sollte es nach Möglichkeit sehr wenige Auswüchse geben.

DEINE HÄNDE

Zeichnen sich gelegentlich Risse ab, sollten Hände regelmäßig mit Feuchtigkeit spendender Lotion eingerieben werden, die sich für wenig Geld erwerben lässt.

Zu lange, schmutzige, eingerissene oder angeknabberte Fingernägel sind jedoch ein absolutes No Go! Achte also darauf, sie regelmäßig zu pflegen.

DEINE MUNDHYGIENE

Gepflegte Zähne sind sehr wichtig. Oder würdest Du eine Frau küssen, wenn ihre Beißer Schwarz sind? Falls du Zahnersatz benötigst, sollte dieser möglichst natürlich aussehen.

DEIN KÖRPERGERUCH

Die Metapher „Ich kann dich gut riechen" hat einen realistischen Ursprung. Werden Gerüche von den Rezeptoren der Nase direkt ins emotionale Zentrum des Gehirns geleitet.

Erinnerst du dich das Beispiel mit dem ungepflegten Mann im Bus? Nicht allein die Optik, sondern ebenso Duftstoffe beeinflussen das Verhalten des Menschen, also auch jenes von Frauen.

Ich nutze häufig nur ein Deodorant, um Schweißgeruch zu vermeiden. Wenngleich frischer Schweiß für das weibliche Geschlecht durchaus attraktiv sein kann(erst durch das Zersetzen entsteht unangenehmer Gesuch). Aber auch ein wohlriechendes Rasierwasser oder Parfüm hat den Effekt, dass heiße Frauen dich auf der olfaktorischen Ebene positiv wahrnehmen, also „gut riechen" können.

DEINE KLEIDUNG

Ob nun sportlich, elegant oder salopp: Generell sind viele Outfits möglich. Wichtig ist, dass dein Stil zu dir passt und du dich in deiner Kleidung wohlfühlst. Denn sollte dem nicht so sein, besteht die Möglichkeit, dass du dein Unwohlsein unbewusst durch Körpersprache oder Mimik kommunizierst.

Was einen Flirt grundsätzlich erschwert, da Frauen lieber einen Mann kennenlernen, der nicht unter seiner Garderobe leidet.

Diese sollte natürlich aufeinander abgestimmt sein. Da ich kein Modeexperte bin, kann ich diesbezüglich leider auch keine nennenswerten Tipps geben. Dafür ist mir bewusst, dass jede

Farbe unterschiedlich auf die Psyche wirkt. Nutze diesen Effekt zu deinen Gunsten!

Wirst du grundsätzlich als sensibel eingeschätzt, wirkst du mit einem schwarzen Oberteil gleich etwas dominanter.

Ein Weißes erzeugt dafür den gegenteiligen Effekt und lässt daher dominante Persönlichkeiten etwas sanfter erscheinen.

Als besonders vorteilhaft erweisen sich die Farben rot und blau. Rot, weil es für Sinnlichkeit und Leidenschaft steht. Blau, weil es Friedfertigkeit und Entspannung vermittelt, was insbesondere für Hellblau gilt. Dunkelblau suggeriert hingegen Kälte und eignet sich daher weniger zum Flirten.

Kleidung mit zu hellen, knalligen Farben, wie etwa Gelb oder Orange sollten wiederum generell für andere Zwecke als den Flirt genutzt werden. Und dass an deiner Garderobe keine

Essensreste befinden, die eine Speisekarte widerspiegeln und darüber hinaus nicht nach getrocknetem Schweiß riecht, versteht sich von selbst.

DEIN KÖRPERGEWICHT

Dass zu viele Pfunde kein unüberwindbares Hindernis darstellen und bei Bedarf mit Low Carb reduziert werden kann, wurde bereits erläutert.

Wer lieber durch Bewegung ein paar Kilos verlieren will, findet im örtlichen Schwimmbad eine gute Gelegenheit. Hier lässt sich im kontinuierlich Kondition auf- sowie Körperfett abbauen, während die Gelenke geschont werden. Außerdem wird das Schwitzen vermindert, da das Wasser den erwärmten Körper automatisch kühlt, sodass weniger Schweiß entsteht. Und wer eine kurze Erfrischung braucht, taucht einmal kurz unter die Wasseroberfläche. Davon abgesehen wird das Schwimmbad zu verschiedenen Uhrzeiten auch von attraktiven Frauen besucht. Und wenn ein Mann nicht gezielt Richtung Badeanzug starrt, kann er sich ruhig vergewissern, wer sich mit ihm die Schwimmbahn oder das Schwimmbecken teilt. Darüber hinaus können ehrgeizige Schwimmer positiv auffallen.

Für Menschen, die sich lieber draußen aufhalten, wäre Joggen eine Möglichkeit. Bei zu hohem Übergewicht können dabei jedoch die Gelenke Schaden nehmen, weshalb in dem Fall

eher Nordic Walking oder ein Spaziergang zu empfehlen sind. Die jeweilige Dauer kann der eigenen Kondition angepasst und regelmäßig gesteigert werden. Und selbstverständlich können dir beim Joggen, Nordic Walking oder dem Spaziergang schöne Frauen über den Weg laufen. Was gerade bei gutem Wetter in der Nähe von Grünflächen, die an Wohngebiete angrenzen, der Fall sein kann.

HEBE DEINE STIMMUNG

Grundvoraussetzung für einen Flirt ist gute Laune. Denn zu einem grimmig und frustriert aussehenden Mann fühlen sich Frauen nicht hingezogen. Falls du angespannt bist, nutze am besten körperliche Aktivität, um Anspannung abzubauen.

Hierzu genügt schon ein simpler Spaziergang, um mentalen Stress zu reduzieren. Bei dem du dich fordern, aber nicht überfordern solltest, es können selbstverständlich aber auch andere körperliche Aktivitäten sein.

Ist kein Frust vorhanden, gönne dir direkt etwas Gutes:

Höre deine Lieblingsmusik, nimm ein entspanntes Vollbad und trinke ein Glas Sekt. Du könntest genauso gut musizieren oder schauen eine Folge ihrer aktuellen Lieblingsserie ansehen. Natürlich gibt es auch noch viele andere Möglichkeiten. Du wirst schnell einen Favoriten finden, der deine gute Laune steigert.

DEINE KÖRPERHALTUNG

Du kannst nicht nicht kommunizieren. Allein deine Körperhaltung verrät wie du dich fühlst. Nutze sie, um einen positiven ersten Eindruck zu hinterlassen! Achte deshalb auf folgende Aspekte:

* Kopf hoch

Und zwar im wahrsten Sinne des Wortes. Nicht den Kopf zwischen die Schultern stecken oder hängen lassen, sondern das Kinn leicht anheben. Das kommt bei den anderen nicht nur als Signal der Selbstsicherheit an, sondern ist auch die simpelste Übung, um die eigene Unsicherheit zu bekämpfen.

* Gehe verhältnismäßig langsam

Hektische Bewegungen werden mit innerlicher Unruhe assoziiert, die entweder auf Unsicherheit oder Frust schließen lassen, womöglich auch auf beides zusammen. Eine relaxte Körperhaltung suggeriert hingegen Entspannung, Gelassenheit, Optimismus sowie eine freundliche Persönlichkeit.

- Gerade Haltung

Zeugt ebenfalls von Selbstsicherheit und betont die Bereitschaft zur Kontaktaufnahme. Wer den Kopf senkt und versucht, sich so klein wie möglich zu machen, will nicht auffallen. Aber das ist schließlich nicht dein Ziel. Da du bereit bist, auf andere Menschen zuzugehen, signalisiert du logischerweise „Hier bin ich!". Was bei einer geraden Körperhaltung automatisch geschieht.

- Augen auf

Wer in alltäglichen Situationen häufig seinen gen Boden schaut, wirkt demütig und schüchtern. Solltest du zufällig vom persönlichen Drama einer bestimmten Person erfahren haben, kann der Blick gesenkt werden, um Betroffenheit zu signalisieren, wodurch Mitgefühl und Empathie betont wird. Wer jedoch aus einem anderen Grund sein Haupt neigt, wird häufig als schüchtern oder demütig wahrgenommen. Ich persönlich kann nur davon abraten. Wer sich noch keinen Blickkontakt zu heißen Frauen zutraut, kann sich trotzdem aufrecht fortbewegen. Ob dabei nun Menschen angeschaut werden oder nicht, ist prinzipiell irrelevant, handelt es sich bei

Kontaktaufnahme(im privaten Kontext) doch nur eine Option und keine Pflicht. Ein Mann, der seinen Blick nicht versteckt, kommt jedenfalls sehr selbstsicher rüber.

DREI KOMPLIMENTE FÜR DICH

Mache dir jeden Tag drei ehrliche Komplimente. Dabei kann es sich allein um innere Werte handeln, indem du z. B. deine Entschlossenheit, deine Disziplin oder deine Bereitschaft für Veränderung anerkennst. Dadurch steigert sich dein natürliches Selbstbewusstsein, was wiederum dein positives Lebensgefühl fördert.

FREUNDSCHAFTLICHE BEZIEHUNGEN

Dass es sich bei Frauen um Menschen handelt, ist logisch. Diese wünschen sich genau, wie Männer Personen in ihrem Leben, deren Nähe sie als angenehm empfinden. Solltest du also schon ein freundschaftliches Verhältnis mit verschiedenen Menschen pflegen, lässt sich dieses auch auf Frauen übertragen.

Was das mit flirten zu tun hat?

Nun, insofern eine Frau, egal in welchem Kontext, erfolgreich angesprochen wurde(dazu später mehr), ist es unverzichtbar durch Kommunikation ein gutes Gefühl zu verschaffen.

Wenn du dich mit ihr verabreden oder auch zu anderen Gelegenheiten häufiger mit ihr sprechen willst.

Was liegt also näher, als dein Kommunikationsverhalten auf zwischenmenschlicher Ebene weiter zu stärken, damit sich tolle Frauen gerne in deiner Nähe aufhalten?

Da du mit Sicherheit zwischenmenschliche Beziehungen zu Freunden, Kollegen und Verwandten führst, brauchst du dich nur regelmäßig mit ihnen treffen oder etwas mit ihnen unternehmen. Im Idealfall bleibt dabei auch Zeit für interessante Gespräche.

Denn halte dir stets vor Augen: Selbst wenn du es schaffst, deine Traumfrau erfolgreich anzusprechen, besteht nach wie vor die Möglichkeit, sie mit einem langweiligen Monolog wieder zu vergraulen.

Noch schlimmer: Du präsentierst dich launisch, unaufmerksam, unsensibel oder aggressiv. Insofern ist es relevant, auf der zwischenmenschlichen Ebene eine angeregte, höfliche und respektvolle Unterhaltung führen zu können.

Denn sollte dir das schon im Freundes-, Kollegen- oder Verwandtenkreis nicht gelingen, wie hoch ist dann die Wahrscheinlichkeit, dass ein Gespräch mit deiner Traumfrau anders verläuft?

Klar, in dem Fall wirst du dir garantiert(noch) mehr Mühe geben. Trotzdem kann es passieren, dass du bei einer Unsicherheit, die gerade im Gespräch mit deiner Traumfrau auftreten kann, deine Souveränität verlierst. In Folge dessen könnten dir wiederum die Worte fehlen. Vielleicht sagst du

sogar etwas, dass sie kränkt. Oder wirst aus der eigenen Unsicherheit heraus selber aggressiv. In dem Fall wäre die gute Stimmung hinfällig, was nicht in deinem Sinne sein kann.

Von daher ist es wichtig, schon bei diversen Gesprächen mit Personen dein Kommunikationsverhalten vorteilhaft zu formen.

Solltest du aktuell zu wenige oder Kontakte pflegen und Schwierigkeiten haben, außerhalb deiner vier Wände Freunde kennenzulernen bietet das Internet in Form von Social Media, also Plattformen wie Facebook, Instagram & Co. Alternativen. Oder auch verschiedenen Foren, um sich gegenseitig auszutauschen. Suche am besten nach Menschen mit dem gleich Hobby oder Gleichgesinnten, welche ein Thema interessiert, das dich ebenfalls beschäftigt.

Wichtig ist dabei, dass die Kommunikation über den Austausch von Standard- Floskeln oder Sprüchen hinausgeht. Wenngleich ein lustiger, aber wenig tiefgründige Äußerung zur zwanglosen Konversation einladen kann. Bei ernsten Themen darf es wiederum auch kritische Worte geben, so lange genug Respekt mitschwingt.

Bei Bedarf kannst du zunächst nur mitlesen, um heraus zu finden, welche Stimmung bei den meisten Mitmenschen

vorherrscht, um heraus zu finden, an welche Themen sich am besten anknüpfen lässt.

BLICKKONTAKT AUFNEHMEN

Auch bei Begegnungen mit Menschen außerhalb des Internets macht Übung den Meister. Und gerade am Anfang ist es sinnvoll, mit Blickkontakt zu starten, um Unsicherheit loszuwerden und Selbstsicherheit zu stärken. Hierzu kannst du zu Nachbarinnen, Verkäuferinnen, Kassiererinnen und generell allen Frauen, die dir draußen über den Weg laufen, einen kurz aber gezielt in die Augen schauen. Dabei geht es noch gar nicht darum, sie anzusprechen oder näher kennenzulernen. Sondern darum, die vorhandene Angst vor dieser Situation loszuwerden, was in Anschluss zur Steigerung deiner Selbstsicherheit führt.

Wenn du dich diesbezüglich sicherer fühlst, kann die verbale Kommunikation beginnen. Frag z. B. eine Verkäuferin im Supermarkt, wo sich die Teebeutel befinden. Du kannst im Kaufhaus fragen, ob wo T-Shirts in deiner Größe sind.

Ob du nun Teebeutel oder T-Shirts erwirbst oder nicht, spielt dabei keine Rolle und ist völlig optional. Wenn du allerdings mit einer bestimmten Kassiererin sprechen willst, macht es Sinn, eine Kleinigkeit zu kaufen. Ich erwarb z. B. ein Feuerzeug, um heraus zu finden, ob ich mit jener Dame an der Kasse kommunizieren konnte, ohne dabei nervös zu werden.

Es ist ebenfalls möglich, Frauen auf der Straße nach dem Weg oder dem nächsten Supermarkt oder Kaufhaus zu fragen, so sich der jeweilige Standort außer Sichtweite befindet. Wenn du regelmäßig und häufig genug übst, fällt es dir das Kontaktieren immer leichter.

BEOBACHTEN OHNE BLICKKONTAKT

Einige Frauen fühlen sich unwohl, sobald du Blickkontakt suchst, wenn sie nicht damit gerechnet haben. Was an der eigenen Unsicherheit oder Misstrauen liegen kann, ist es nicht jedem Menschen möglich, dein Interesse sofort richtig einzuschätzen. Um solche Situationen zu vermeiden, gibt es eine Technik, mit der du sie beobachten kannst, ohne sie gezielt anzuschauen.

Schaue dabei zunächst geradeaus, ohne deinen Blick dabei auf ein konkretes Ziel zu lenken. Versuche dann, mit deinen Augen wahrzunehmen, was links und rechts um dich herum geschieht, ohne deinen in diese Richtung zu schauen. Diese Technik erfordert ein wenig Übung, sollte aber für viele umsetzbar sein. Wenn du sie beherrschst, kannst du so Menschen beobachten, die sich links und rechts von dir befinden, ohne dass sie sich diese dabei von dir wahrgenommen fühlen.

Warum diese Technik? Manche Frauen sind zwar an dir interessiert, aber zu schüchtern, um es zuzugeben. Und schauen daher viel eher in deine Richtung, wenn sie glauben, dass du sie nicht dabei „ertappst". Bist du draußen unterwegs, kannst du durch diese Methode ein Bild davon machen, bei welchen Frauen Interesse an deiner Person vorhanden ist.

EINE KLEINE FREUDE

Ein sympathisches Auftreten ist die Voraussetzung dafür, dass eine Frau mit dir Zeit verbringen will. Andernfalls hast du keine Chance auf eine Freundschaft, Affäre oder Partnerschaft. Natürlich wird dich nicht jede Frau aus den unterschiedlichsten Gründen als mögen. Wenn du Möglichkeiten findest, um Ladys eine kleine Freude zu bereiten, steigt allerdings die Chance, dass du als sympathisch eingestuft wirst, deutlich nach oben. Dabei geht es auch hier gar nicht darum, direkt deine Traumfrau zu erobern. Sondern bei der Interaktion mit verschiedenen Frauen mehr Selbstsicherheit zu gewinnen.

Und was eignet sich dafür besser, als ihnen eine kleine Freude zu bereiten?

Indem du etwa eine Nachbarin auf ihre schönen Blumen ansprichst, einer netten Kollegin Hilfestellung anbietest. Eine Verkäuferin für ihre Schnelligkeit bewunderst. Eine Frau in der Schlange an der Kasse vorlässt oder einer alten oder jungen Frau im Bus oder der Bahn deinen Sitzplatz anbietest.

Es gibt täglich so viele Gelegenheiten, wo du Frauen eine kleine Freude bereiten kannst, woraufhin sie dich sehr häufig positiv wahrnehmen, wodurch dein Selbstvertrauen profitiert.

Vermittele ihr nur nicht den Eindruck, dass du ihr allein deshalb eine kleine Freude erwiesen hast, weil du im Gegenzug noch viel mehr von ihr erwartest. Eine selbstlose Geste wird jedoch häufig sehr positiv aufgenommen.

Wenn du gerne humorvoll bist, kannst du eine Frau auch ruhig zum Lachen bringen. Etwa durch eine ironische Bemerkung, welche sich auf die aktuelle Situation bezieht. An einem regnerischen Tag sagte ich im Gespräch mit einer Kollegin z. B. „Nachricht an den Hausmeister: Das Sonnenlicht ist defekt!" und sie lachte.

Was natürlich nur eine von vielen Möglichkeiten darstellt. So lange durch deine Äußerung keine Person beleidigt oder gekränkt wird, bist du häufig auf der sicheren Seite. Wozu du weder viel Geld oder ein tolles Aussehen brauchst, sondern lediglich etwas Einfühlungsvermögen sowie eine Prise Humor. Und wenn du dadurch täglich eine Frau zum Lachen bringst(sogar dann, wenn du sie noch gar nicht kennst), hast du schon viel erreicht!

DEINE STIMME

Frauen achten primär nicht nur auf das, was du sagst, sondern ebenso auf den Klang deiner Stimme, mit der du viel über deinen Charakter verrätst. Denn dadurch wird eine Stimmung vermittelt. Hier gilt das Sprichwort „Der Ton macht die Musik". Geht es beim Flirten um deine Klangmelodie respektive den Ton deiner Stimme. Im Prinzip kann jeder beliebige Satz je nach Tonlage eine völlig andere Stimmung vermitteln. So lange deine Stimme Entspannung suggeriert, bist du auf der sicheren Seite.

Bei einer These sind sich fast alle Flirtexperten einig: Eine tiefe Tonlage finden Frauen sehr attraktiv, wird durch sie Männlichkeit vermittelt. Vielleicht, weil nachgewiesen wurde, dass Männer, die mit tiefer Stimme sprechen, viele Sexpartner hatten? So viel zu den Statistiken.

Die gute Nachricht lautet aber: Du kannst auch dann mit tiefer Stimme sprechen, falls du wenig Sexpartnerinnen hattest und selbst dann, wenn du noch Jungfrau bist!

Es ist also möglich, auf schöne Frauen wie ein Mann, der sich mit dem weiblichen Geschlecht auskennt, zu wirken. Sogar dann, wenn dem nicht so ist. Und das eine Frau nachfragt, wie viel Erfahrung du schon mit ihrem Geschlecht gesammelt hast, ist äußerst unwahrscheinlich. Doch sogar wenn dem so sein

sollte, musst du keine exakten Daten und Fakten nennen, sondern sagst „noch nicht sehr viel".

Aber wenn ihr der tiefe Klang deiner Stimme gefällt, spielt dieses Thema, wenn überhaupt, ohnehin keine große Rolle.

Tipp: Achte bewusst auf den Klang deiner Worte, wenn du selbstsicher mit anderen Menschen kommunizierst. In Stresssituationen klingen Personen häufig unsicher, wodurch ihre Stimme automatisch heller wird. Oder sie wirken beim Sprechen aggressiver, was in Flirt-Situationen natürlich nicht von Vorteil ist. Auch in diesem Fall gilt: Learning by Doing. Wenn du oft mit Menschen kommunizierst, findest du irgendwann „deinen Tonfall". Der zum einen tief ist, zum anderen aber nicht künstlich anmutet und dir außerdem selbst gefällt, da er natürlich wirkt und zu dir passt. Dieser muss sich dann nur noch auf Situationen übertragen lassen, in denen du mit deiner Traumfrau sprichst. Was ebenfalls regelmäßige Übung erfordert, nach einiger Zeit aber ohne Probleme machbar ist.

Ein weiterer Vorteil: Nach Möglichkeit in der gleichen oder einer ähnlichen Geschwindigkeit wie die Frau sprechen, mit der du flirtest. Aber nur, wenn du dich diesbezüglich sicher fühlst. Falls nicht, lass es erst mal weg, da du ansonsten unsicher oder hektisch wirken könntest.

Ist es dir aber möglich, dich souverän auf ihr Sprechtempo einzulassen, spiegelst du damit schon eine ihrer Eigenschaften. Und deutest zudem unbewusst eine Gemeinsamkeit an, was ihr häufig ein gutes Gefühl vermittelt.

DEIN LÄCHELN

Einige Menschen empfehlen zu lächeln, um positiv auf das weibliche Geschlecht zu wirken und haben damit nicht ganz unrecht. Kann ein so ehrliches wie warmherziges Lächeln beim Erobern einer Frau eine riesengroße Hilfe sein. Auf der anderen Seite kann es aber auch abschrecken, wenn es künstlich oder gestellt wirkt. Solltest du dich beim Lächeln also nicht wohlfühlen: Lass es!

Wenn ich auf einem gestellten Foto lächle, sehe ich aus wie ein verklemmtes Honigkuchenpferd! Lächle oder lache daher lieber, wenn dir wirklich danach ist. Das fühlt sich für dich nicht nur besser an, sondern wirkt auch viel authentischer.

Davon abgesehen ist Lächeln keine Grundvoraussetzung für einen erfolgreichen Flirt, entspannte Gesichtszüge reichen diesbezüglich völlig aus. Sollte es dir hingegen leicht fallen, kann es dir beim Flirten viele Pluspunkte verschaffen, weshalb du es ruhig zeigen darfst. Andernfalls musst du dich deshalb aber nicht fertigmachen, weil ein Lächeln keine Grundvoraussetzung ist, um eine schöne Frau erfolgreich anzusprechen.

ÜBE JEDEN TAG

Du hast bereits täglich mit Frauen deiner Wahl Blickkontakt aufgenommen? Oder sie schon angesprochen? Sehr gut!

Denn Übung macht den Meister. Und selbst die besten Tipps sämtlicher Experten bringen sind für dich nutzlos, so lange du sie nicht in die Tat umsetzt. Das Sprichwort „Learning by Doing" gilt auch fürs Flirten. Das wird sich am Anfang eventuell fremd anfühlen, weil du es nicht gewohnt bist. Und der Mensch ist ein Gewohnheitstier. Vielleicht wirst du dir die gezielte Kontaktaufnahme zum weiblichen Geschlecht unter Umständen also erst noch angewöhnen müssen. Was keinem Mann von heute auf morgen gelingt. Wenn du es jedoch schaffen willst, fängst du am besten an. Selbst eine Reise von 1.000 Metern beginnt mit dem ersten Schritt. Doch wenn du den ihn nicht wagst, wirst du auch keine Wegstrecke bewältigen, um dein Ziel zu erreichen. Leg also einfach los.

KEINE ANGST VOR SEXAPPEAL

Eine der größten Hemmschwellen, die verhindert, dass heiße Frauen angeschaut und angesprochen werden, ist, wie schon zuvor erwähnt, ihr Sex-Appeal. Glauben viele Männer, das mit zunehmender Attraktivität der Lady ihrer Wahl die Chancen auf einen erfolgreichen Flirt mit ihr in gleichem Maße sinken.

Allein diese Vorstellung raubt vielen Männern bereits im Vorfeld Selbstbewusstsein und schürt die eigene Unsicherheit, mir selbst ging es oft genug nicht anders. Dabei handelt es sich in diesem um eine selbsterfüllende Prophezeiung: Wenn du glaubst, keine Chance zu haben, wird es genauso sein.

Jedoch in erster Linie, weil Männer sich auf diese Art und Weise selber sabotieren, was dazu führt, dass sie erst gar keinen Kontakt aufnehmen. Eventuell sagen sie schüchtern „Hallo" oder bemühen sich um einen Spruch, der ihre Unsicherheit verschleiern soll. Was aber in den seltensten Fällen gelingt, sondern die eigene Nervosität noch weiter steigert, weshalb sie sich letztendlich lieber vorschnell verabschieden. Erschaffen im Kopf also selbst ein Szenario, das bei Licht betrachtet gar nicht existieren muss.

Womöglich, indem sie ihre Traumfrau mit unendlich viel Sex-Appeal gedanklich auf ein Podest und damit auf einen Level hieven, den sie(nach eigener Ansicht) nie erreichen können.

Im Prinzip müssen also nur die persönlichen Gedanken angepasst werden, um sich bei der Begegnung mit ihr deutlich souveräner zu verhalten.

Aber wie ist es möglich, die eigene Unsicherheit in einer solchen Situation abzubauen? Ganz einfach: Du demontierst ihr Podest, falls du sie darauf gehoben hast.

Stell dir vor, was du nicht an ihr mögen wirst. Unabhängig davon, ob diese Vorstellung nun genau so zutrifft oder nicht. Denn glaube mir: Absolut jede Frau, selbst die schönste und heißeste, legt Eigenschaften an den Tag, die du nicht attraktiv findest. Mir sind schon allein im Job Kolleginnen begegnet, die atemberaubend aussahen, aber trotzdem ihre Macken hatten. Was mich zunächst irritierte, kam mir später ganz gelegen, weil mir klar wurde, selber nicht perfekt sein zu müssen, um mich gegenüber diesen Damen vorteilhaft zu präsentieren.

Auf der anderen Seite waren diesen Frauen auch froh darüber, dass ihr Aussehen bei mir keine ständige Verunsicherung hervorrief. Weil ich mich dadurch Gesprächsinhalten widmen konnte, die für sie persönlich relevant waren. Diese Ebene zu gelangen ist also nur vorteilhaft. Wie genau lässt sie sich erreichen?

Stell dir bildlich vor, was dich an ihr abturnt und übertrage die Möglichkeit, welche für dich am wahrscheinlichsten ist, auf deine Traumfrau. Manche Personen empfehlen, sich vorzustellen, wie eine tolle Frau heimlich in der Nase popelt oder furzt. Ich persönlich halte es wiederum für sinnvoll, ihre charakterlichen Schwächen zu veranschaulichen. Wird ein Mann beispielsweise von einer Vertreterin des weiblichen Geschlechts ausgelacht, liegt direkt auf der Hand, dass ihr Sozialverhalten noch suboptimal ist.

Mich irritierte lange Zeit, dass Schönheiten nicht(immer) so selbstbewusst und stark waren, wie ich sie persönlich einstufte. Sondern hinter ihrer optischen Fassade unsicher und verletzlicher waren, als ich dachte. Welches Verhalten turnt dich bei einer Frau ab? Und was macht dich im Umgang mit ihr selbstsicherer?

Finde es heraus und übertrage es auf jene weibliche Person, deren augenscheinliche Perfektion es zu demontieren gilt. Wenn es dazu führt, dass du sie nicht nur als Sexsymbol wahrnimmst, wird sie dafür dankbar sein. Selbstverständlich darfst du dich noch immer für ihr Äußerliches begeistern. Solltest du aber nur ihr Aussehen loben können und nicht ihre innerliche Schönheit, ist das ungünstig. Denn damit betonst du indirekt, dass ihre inneren Qualitäten, welche für Persönlichkeit stehen, abseits der beeindruckenden Fassade mehr oder weniger für die Tonne sind.

IHRE SIGNALE

Eine Frau, die an dir interessiert ist, wird selbstverständlich viel lieber von dir angesprochen als eine, bei der dies nicht der Fall ist. So weit, so logisch. Von daher ist es sinnvoll zu wissen, wann eine Frau gegenüber dir Sympathie bekundet und wann nicht. Zu erkennen, wann kein Interesse an deiner Person besteht, kann dich davor bewahren, direkt eine Abfuhr nach der nächsten abzuholen. Was die Motivation senkt, wenn dein Selbstvertrauen noch nicht stark genug entwickelt wurde. Denn genau dieser Prozess benötigt etwas Zeit. Hat sich dein

Selbstvertrauen aber schon stabilisiert, kannst du dir absichtlich einen Korb abholen.

Um kognitiv wie emotional zu verstehen, dass die Ablehnung einer Frau, so traumhaft sie auch sein mag, nicht das Ende der Welt bedeutet.

Höre auf dein Bauchgefühl und entscheide dann, was für dich am besten ist. In jedem Fall solltest du das Desinteresse einer Frau an deiner Person erkennen und einordnen können.

ZEICHEN FÜR IHR DESINTERESSE

- Sie lacht dich aus, ohne es zu verheimlichen
- Sie lächelt nicht, ihre Mundwinkel hängen nach unten
- Sie wirkt hektisch
- Sie wirkt ängstlich
- Sie wirkt gereizt
- Sie versucht nicht deinen Blick zu erwidern
- Sie lächelt bei Blickkontakt künstlich
- Sie sieht bei Blickkontakt aggressiv aus
- Sie schaut nicht heimlich zu dir
- Sie geht schnell an dir vorbei
- Sie schaut bewusst an dir vorbei
- Sie versucht, die Distanz zu dir zu erhöhen
- Sie antwortet dir kurz und knapp
- Ihre Stimme suggeriert schlechte Laune

Erkennst mehrere der folgenden Signale bei einer Frau, hast du grundsätzlich keine Chance. Es kann sein, dass sie dich einfach unsympathisch findet, weil du sie an ihren Vater erinnerst, mit dem sie sich zerstritten hat. Oder an ihren Ex-Freund, von dem sie betrogen wurde. Vielleicht auch aus ganz anderen Gründen. Begegnest du dieser Frau nur flüchtig, wirst du ihren negativen Eindruck von dir nicht korrigieren können. Weil sie dir hierzu keine Möglichkeiten einräumt, weil sie von dir in Ruhe gelassen werden will.

Falls du wiederholt einer Frau begegnest, an der du interessiert bist, besteht zumindest eine kleine Chance, dass sie dich mit der Zeit anders wahrnimmt. So lange du dich entspannt und ausgeglichen präsentierst, wenn sie dich zufällig erblicken sollte, könnte sich ihre Ansicht über dich ändern. Falls sie mit dir arbeitet, besteht die Möglichkeit, ihr Bild von dir zu korrigieren. Indem du gegenüber verschiedenen Menschen soziale Kompetenzen an den Tag legst, die sie irgendwann mitbekommt und im Idealfall positiv bewertet.

Inszeniere aber kein Verhalten, wenn sie weiß, dass du ihre Anwesenheit bemerkt hast! Denn dann wird ihr die Absicht dieser Methode schnell bewusst. Davon abgesehen ist nicht jeder Mann ein begnadeter Schauspieler. Lege lieber deine natürlichen Stärken an den Tag, wenn dir bewusst ist, dass sie sich in der Nähe befindet. Ob sie dich eines zu einem bestimmten Zeitpunkt als attraktiv und eine potenzielle

Verabredung wahrnimmt, steht allerdings auf einem anderen Blatt.

Ich persönlich schließe diese Entwicklung nicht kategorisch aus, halte sie aber für unwahrscheinlich. Sieh dich im Fall ihrer Ablehnung lieber nach anderen Frauen um.

UNGÜNSTIGE FLIRT-SITUATIONEN

- Sie ist mit Geschäftspartnern unterwegs
- Sie ist mit ihren Eltern unterwegs
- Sie ist in eine Lektüre vertieft
- Sie telefoniert mit dem Handy
- Sie schreibt auf dem Handy
- Sie weint
- Sie begegnet dir alleine in der Dunkelheit
- Sie wirkt wütend

Ist sie mit Eltern oder Geschäftspartnern unterwegs, steht Flirten nicht auf der Agenda. Davon abgesehen möchte sie evtl. nicht jeden wissen lassen, mit wem sie flirtet, weshalb sie dich in bestimmter Gesellschaft diesbezüglich zurückhält.

Liest sie zum z. B. gerade ein Buch, steht ihr nicht der Sinn nach flirten, weil sie sich sonst lieber in der Umgebung umschauen und nicht lesen würde.

Sollte sich hingegen zuletzt ein Drama oder unschönes Ereignis, etwa der Tod eines Angehörigen, ereignet haben, muss sie es zunächst verarbeiten, bevor sie sich schöneren Angelegenheiten widmen kann.

Eine wütende Stimmung und die unverhoffte Begegnung in einer dunklen Gasse benötigen keinen erklärenden Kommentar.

Wenn sie sich jedoch gute Laune hat, ist ein idealer Zeitpunkt, um heraus zu finden, ob sie dich als sympathisch einstuft. Daher kommen zu den Signalen, die darauf hinweisen, dass sie an dir interessiert ist.

ZEICHEN FÜR IHR INTERESSE

- Sie schaut dir nach, ohne es zu verheimlichen
- Sie schaut heimlich wiederholt in deine Richtung
- Sie erwidert entspannt deinen Blick
- Sie schenkt dir ein ehrliches Lächeln
- Sie schaut weg und lächelt dabei
- Sie ahmt deine Bewegungen nach
- Ihre Körperhaltung ist entspannt
- Ihre Augen leuchten

Ein echtes Lächeln von einem gestellten zu unterscheiden, erfordert anfangs unter Umständen etwas Übung.

Sprich die dich anlächelnde Dame im Zweifelsfall an, um einen kurzen Small Talk zu initiieren: Wirkt sie entspannt, ist Sympathie für dich vorhanden.

Achte außerdem darauf, ob sie noch andere Signale sendet. Registrierst du eins oder mehrere von ihnen, wird sie deine Anwesenheit zu schätzen wissen.

FRAUEN FINDEN

Es gibt etliche Orte und Situationen, in denen sich mit Frauen flirten lässt. Und dir ist klar, dass kein holdes Wesen an deiner Haustür klingeln wird, um spontan ihr Glück zu finden. Und ja, mir ist die Existenz von Online-Dating bewusst. Wenn du dich jedoch nicht nur darauf verlassen willst, verlässt du deine vier Wände und begibst dich nach draußen. Kleiner Tipp: Genau das solltest du tun! Nutzt nicht jede heiße Single Frau Online Dating. Doch sogar wenn, dann nicht unbedingt die Single-Börse deiner Wahl. Aber selbst falls das der Fall sein sollte, müsstest du sie auch dort erst einmal finden.

Lange Rede, kurzer Sinn: Draußen begegnen dir Traumfrauen, nach denen du vergeblich im Internet suchst. Doch selbst wenn du Online-Dating favorisierst und im Netz Frauen entdeckst, willst du ihr bestimmt irgendwann gegenüber stehen und auch dabei einen guten Eindruck hinterlassen?

Allein deshalb empfiehlt es sich, außerhalb der eigenen vier Wände mit dem weiblichen Geschlecht zu sprechen, um beim direkten Kontakt von Mensch zu Mensch genügend Selbstsicherheit zu sammeln.

Vielleicht möchtest du aber auch ganz bewusst mit einer heißen Frau deiner Wahl ins Gespräch kommen können? Wäre möglich, dass sie dir eines Tages über den Weg läuft.

In dem Fall musst du ihr nur noch begegnen. Womöglich findest du sie in einer der folgenden Örtlichkeiten(und Verkehrsmitteln):

• In Kaufhäusern: Sich von schönen Verkäuferinnen beraten zu lassen ist ganz natürlich. Attraktive Kundinnen als inoffizieller Verkäufer beim Shopping zu helfen aber auch nicht verboten

• In Tanzkursen: Du musst dafür noch nicht Tanzen können, gibt es in den meisten Tanzschulen immer Männer-Mangel, bei Anfängerinnen als auch bei Frauen mit viel Tanzerfahrung

• In der Fußgängerzone: Sprich mit ihr über die Örtlichkeit oder erkundige dich nach empfehlenswerten Lokalitäten

• Im Rahmen deines Urlaubs: Gerade dann ist flirten umso reizvoller – auch für das weibliche Geschlecht

• Im Job: Die meisten Beziehungen entstehen noch immer am Arbeitsplatz, tummeln sich dort doch Männer und Frauen mit denselben oder zumindest ähnlichen Interessen

• Im Café, Restaurant, der Disco oder Bar:

Viele Frauen sind Stammgast von zumindest einer Lokalität und manche von ihnen durchaus Single

- Auf einem Konzert: Sich mit ihr über deinen favorisierten Interpreten auszutauschen ist ein dankbarer Gesprächsauftakt. Denn vergiss nicht: Gemeinsamkeiten sind für Frauen attraktiv!

- Beim Besuch der Oper oder des Theaters: Auch hier bietet sich der gesellige Austausch über den Künstler oder die Darbietung an

- In Museen: Frag eine Frau, was sie in Bild XY sieht und Teile ihr deine Interpretation des Kunstwerkes mit.

- Auf Wiesen und in Parks: Ob du mit deinem Hund gehst, mit einem Frisbee spielst oder fotografierst: Das Hobby ist ein angenehmer Gesprächsauftakt

- In deinem Verein oder beim Sport: Durch gemeinsame Aktivitäten lernt ihr euch automatisch besser kennen

- Beim Schwimmen: Frag sie ruhig, wie es möglich ist, so elegant durch das kühle Nass zu gleiten

- In Bussen und Bahnen: Ein angenehmer Small Talk ist attraktiver als einfach nur die Zeit abzusitzen. Vielleicht findest du sogar eine regelmäßige Sitz- und Gesprächspartnerin?

- Bei Freunden: Wäre äußerst unhöflich, sich dort nicht zu unterhalten. Einer angenehmen Konversation ist sie bestimmt nicht abgeneigt

- Auf einer Party: Sind dafür da, um zusammen zu feiern. Warum also nicht mir ihr? Und wenn du sie noch nicht kennst, kannst du sie dort kennenlernen. Sich auf einer Party zu finden, sollte für dich nicht verboten sein

- In der Warteschlange: Über sachliche Fragen zum Grund des Anstehens private Gemeinsamkeiten finden.

- In einem Kurs der Volkshochschule: Es gibt Fortbildungen mit einem hohen Frauen-Anteil

- Auf dem Flohmarkt: Ideal, um mit Frauen über potenzielle Schnäppchen zu sprechen

- Auf einem Volksfest: Flirte spontan

- Bei Veranstaltungen deiner Partei: Interne Diskussionen liefern Gesprächsstoff

- Im Freizeitpark: Bei guter Laune kommt ein Flirt gelegen

- Auf Faschings-/Karnevalsveranstaltungen: Spaß hilft beim kennenlernen

- In der Bibliothek: Lass dir helfen oder dich beraten

- In der Kneipe: Sie mag Fußball? Dann schaue dir mit ihr ein Spiel an

- Am Flughafen: Sei ein Gentleman und helfe Touristinnen, die sich noch nicht so gut auskennen

- Auf dem Elternabend: Die Zahl der Single-Mütter steigt pro Jahr kontinuierlich. Gehe aber nur hin, wenn du ein Kind hast, das sich auf derselben Schule befindet

- Im Wartezimmer

- Der Universität

- Und noch an vielen anderen Orten.

Es gibt etliche Möglichkeiten, um dem weiblichen Geschlecht zu begegnen. Je mehr Frauen du ansprichst, desto größer die Wahrscheinlichkeit des Erfolges, weil du dadurch immer mehr Erfahrung sammelst.

SEI PEINLICH

Diesbezüglich eine kleine Anekdote: Ich war mit einem Freund verabredet und hatte zuvor eine Kleinigkeit gegessen. Etwas, das mir nicht besonders gut bekommen ist. Denn kurz bevor wir uns im Zug Richtung Kino trafen, bereitete mir meine Verdauung Magenschmerzen. Teils so starke Schmerzen, dass ich auf der Toilette des Waggons sehr deutlich zu hören war und teilweise fluchte. Mein Freund wartete und konnte mein Verhalten nicht einordnen, geschweige denn überhaupt nicht damit umgehen. Genauso wie alle Frauen, die sich ebenfalls in Hörweite befanden. Und ja: Mir war schon beim Betreten der Toilette klar, dass niemand für mich Verständnis haben wird.

Nichtsdestotrotz wurde mir einmal mehr bewusst, dass diese Art der Ablehnung für kein Drama darstellt. Was mich derartig beflügelte, dass ich 10 Minuten später mit der Ticketverkäuferin im Kino flirtete, obwohl sie schon vorab signalisierte, dass kein Interesse an mir besteht. Durch das Überstehen der vorherigen Situation war ich innerlich jedoch so befreit, das ich es an diesem Abend einfach darauf ankommen ließ. Weil ich genau wusste, dass der schlimmste Moment des Tages schon vorüber war.

Und nein: Ich empfehle dir nicht den Konsum von Speisen, die deine Verdauung stören und dadurch Magenschmerzen hervorrufen. Dafür halte ich es für ratsam, sich mindestens einmal bewusst als schwach zu präsentieren, damit klar wird, dass die daraus resultierende Ablehnung kein Weltuntergang ist.

Sobald du innerlich darauf vorbereitet bist, sie in Kauf zu nehmen, leg bei nächstbester Gelegenheit los. Und wenn nicht: arbeite darauf hin! Denn wenn du keine Angst hast, ständig in ein Fettnäpfchen zu tappen, agierst du wesentlich gelassener. Und Gelassenheit ist die stärkste Form von Selbstvertrauen.

Sich unbewusst oder bewusst in peinliche Situationen bringen kann also durch aus positiv sein, um die innere Angst vor ihnen zu verlieren. Hier nun ein paar Möglichkeiten, die du nutzen kannst:

- Trage im Sommer Sandalen und Socken
- Trage ein T-Shirt mit einem provokantem Spruch
- Trage außerhalb der Karnevalssaison einen bunten Hut
- Mach beim öffentlich vorwärts gehen extra große Schritte
- Frage eine Person nach dem Standort von Kaufhaus XY, wenn du direkt daneben stehst
- Male einen Smiley auf eine beschlagene Fensterscheibe
- Bestelle bei McDonalds Sushi

- „Rauche" öffentlich eine Fake Zigarre
- Lächle übertreiben vor dich hin und anderen Personen ins Gesicht
- Schüttle zu Hause eine Getränke-Dose, öffne sie später öffentlich und lass dich nass machen(erwecke dabei den Eindruck, als wärst du selbst überrascht)
- Summe öffentlich eine Melodie, die du witzig oder dämlich findest
- Täusche öffentlich ein Telefonat vor, bei dem du übertreiben laut sprichst
- Widme dich öffentlich ein Spiel auf deinem Smartphone und agiere dabei übertrieben emotional
- Sage folgendes zu einer Frau: „Ich bin Pilot. Kann ich bei dir landen?".

Alle genannten Methoden eigenen sich, um die Angst vor peinlichen Situationen zu verlieren. Um danach wesentlich selbstsicherer aufzutreten, da du dank Humor und Souveränität mit Peinlichkeiten umgehen kannst. Vielleicht fallen dir noch Weitere ein?

ANMACHSPRÜCHE

Folgendes muss ich direkt anmerken: Bei Anmachsprüchen handelt es sich nicht um Zauberei, mit der du Frauen ad hoc durch Hypnose eroberst und für immer an dich bindest. Sie sind noch nicht einmal zwingend notwendig, um mit Ladys ins Gespräch zu kommen, sondern sollen dir die Tür zu einem angenehmen Flirt öffnen. Wenig schmeichelhafte Äußerungen können aber dafür sorgen, dass die betroffene Frau jene Tür zuknallt, abschließt und sämtliche Möbel davor stellt. Charmante Anmachsprüche können wiederum das Gegenteil bewirken.

Zwar gibt es diesbezüglich keine Garantie. Aber wenn eine Frau deine Offerte witzig, geistreich, charmant und letztendlich sympathisch findet, liegt die Chance, dass sie mit dir sprechen will, gleich wesentlich höher. Deine geäußerten Worte müssen aber noch nicht einmal besonders spektakulär sein. Natürlich kann es sein, dass du dir jedoch nicht sicher bist, ob sie dich attraktiv findet. Und dich deshalb aktuell nicht als Mann outen willst, der auf sie steht(wenngleich das in meinen Augen nicht anstößig ist). In diesem Fall kannst du alternativ einen situationsbedingten Spruch nutzen, um in Erfahrung zu bringen, wie sie auf dich reagiert.

- Im Restaurant: „Was können Sie mir empfehlen?"
- Im Kino: „Wie fanden Sie die Filmszene XY?"
- Im Job: „Können Sie mir bei Aufgabe XY helfen?"(ob du tatsächlich Hilfe brauchst, ist dabei unwichtig)
- Bei sämtlichen Freizeitaktivitäten: „Wie lange sind Sie schon dabei?"
- Auf Feten und Privatpartys: „Wer bist du denn?"
- Im Supermarkt: „Ich suche Waschmittel für dunkle Kleidung. Wissen sie, welches geeignet ist?"
- Am Wochenende in der Stadt: „Kennen Sie eine gute Location zum Feiern?"
- Im Freien: „Ich suche die Straße XY. Können Sie mir weiter helfen?"
- Im Wartezimmer, während du in einer Zeitschrift blätterst: „Horoskope sind überbewertet, oder?"
- In der Disco oder Tanzschule: „Weißt du wer dieses Lied gesungen hat?"
- Wenn sie Gassi geht: „Zu welcher Rasse gehört ihr Hund?"
- In der Warteschlange: „Warum dauert das bloß so lange?"
- Im Job: „Wird ihr Vorname eigentlich mit C oder K geschrieben?"(insofern diese Möglichkeit besteht, wenn sie z. B. Carola heißt)
- In Mode-Shops: „Ich suche was modisches für heiße Tage."

- Im Schwimmbad: "Darf ich auf Ihre Sachen aufpassen, während Sie schwimmen gehen?"
- Im Job, falls sie nach Dienstende noch anwesend ist: „Sie machen schon wieder Überstunden. Wartet zu Hause niemand?"

W-FRAGEN

Natürlich kann auch mit einem einfachen „Hallo!" oder „Hi!" geflirtet werden. Um die Kommunikation anzukurbeln, ist es jedoch sinniger, sogenannte „W-Fragen" zu stellen. Wie bei vielen zuvor aufgeführten Sprüchen, da diese W-Fragen nicht darauf ausgelegt sind, um mit einem simplen ja oder nein beantwortet zu werden. Es ist z. B. möglich, auf die Antwort der Dame anzuknüpfen. Im Restaurant kann etwa auf andere Speisen eingegangen werden. Bei einer genannten Location zum Feiern ist es wiederum interessant zu erfahren, warum sie so gut ist, während in Mode-Shops vorteilhafte Kleidung zum Thema wird. Dabei ist es egal, ob die Gesprächsthemen ein hohes Niveau erreichen oder nicht.

Hauptsache, die angesprochene Frau fühlt sich in deiner Nähe wohl. Achte daher auf ihre Stimmlage, Körperhaltung und die anderen Flirtsignale. Glaubst du, dass sie sich unwohl fühlt, kannst du dich bedanken und danach zurückziehen.

Gewinnst du hingegen den Eindruck, dass sie sich in deiner Nähe wohlfühlt, greifst du am besten weitere Gesprächsthemen zurück, die noch vorgestellt werden. Möchtest du wiederum schon bei der ersten Begegnung mit einem Kompliment punkten, eignen sich hierfür die charmanten Anmachsprüche.

Eine Gelegenheit bietet die Optik: Frauen investieren viel Zeit, um ihr äußeres Erscheinungsbild aufzupolieren und erhalten dafür viel zu selten Anerkennung. Äußere dich diesbezüglich ruhig positiv, wenn dir auffällt, dass sie heute besonders schick aussieht. Oder sich zum Beispiel eine neue Frisur zugelegt hat. In vielen Fällen wird sie deine Aufmerksamkeit zu schätzen wissen. Teile ihr aber nur ehrlich gemeinte Komplimente mit. Zum einen kommen sie dir schneller in den Sinn. Darüber hinaus wirkst du dadurch authentisch, anstatt wie ein Mann, der ihr berechnend Honig um den Mund schmiert, während er sich dabei schon eine Gegenleistung erhofft. Denn häufig durchschauen Frauen diese Masche und sich daraufhin alles andere als begeistert.

Du kannst aber auch ihre Kenntnisse zu einem bestimmten Thema oder ihre Fähigkeiten loben, wenn du registrierst, das ihr etwas gut gelungen ist. Denn ehrliche Komplimente steigern ihr Selbstwertgefühl und sorgen zusätzlich für Sympathie. Allein anzügliche Bemerkungen solltest du bewusst außen vor lassen, selbst wenn ihre großen Busen oder der Hintern deine Aufmerksamkeit erregt.

Sollte dem so sein, wird sie es

vermutlich ohnehin merken. Du kannst ihr damit schmeicheln, solltest du dich aber zu stark aufs Körperliche fokussieren. In der Regel denkt sie in diesem Fall, dass du es nur auf Sex abgesehen hast, was nicht in deinem Interesse sein kann.

CHARMANTE SPRÜCHE

- "Dieser Minirock steht Ihnen gut."
- "Ich wäre auch gerne so braungebrannt."
- "Tolle Frisur!"
- „Sobald ich in deine Augen blicke, ist meine Lieblingsfarbe blau.
- „Gäbe es eine Miss-Wahl für Blickkontakt, würdest du gewinnen!"
- Bei gedämmtem Licht: "Ich erkenne ihre Augenfarbe" Dann schau ihr tief in die Augen und sage: "Sie ist wunderschön!"
- „Ihr Blick birgt so viel Tiefe!"
- "Deine Sommersprossen bilden das Sternbild des kleinen Wagens!"
- „Ein Gesicht mit Sommersprossen ist wie ein Himmel voller Sterne!"
- "Schönes Make-up! Da Steckt sicher viel Mühe drin?"
- "Kennen sie sich mit Erster Hilfe aus?" Wenn sie den Eindruck erweckt, dass sie dich mag, fügst du an: „Ihr Anblick hat mir das Herz gebrochen!".

- Im Kaufhaus: "Ihre Beratung weiß ich zu schätzen! Darf ich sie öfter in Anspruch nehmen?"
- „Schön, dass wir uns kennen lernen. Ich bin (sage deinen Namen) und Sie... sind atemberaubend!"."
- „Verzeihung, aber wie kann es sein, dass wir uns nie begegnet sind?"
- Da einige Frauen auf Esoterik stehen: "Jeden Tag lege ich mir meine Karten. Heute offenbarten sie mir, dass ich einer attraktiven Frau begegne. Die ich ins Café einladen sollte. Was glauben Sie? Haben meine Karten recht?" Und: „Darf ich auch Ihre Karten legen?"
- „Ihr Lachen ist ansteckend!"
- „Ohne jeden Zweifel: Es gibt ein achtes Weltwunder!"
- „Würde Schönheit blenden, könnte ich Sie nicht erkennen!"
- Am Wasser: "Falls Sie im Nass um Hilfe rufen, werde ich sie sofort retten!
- Gehe mit einem von dir gemalten Bild ins Museum. Reiche es dort einer Frau und sage Folgendes: „Mit den großen Künstlern kann ich nicht mithalten, doch dieses Werk gilt allein Ihnen!".
- Im Shop: „Meine Cousine wird 12(kannst aber auch ein anderes Alter nennen) und mir fällt leider überhaupt kein passendes Geschenk ein... Hätten sie eine Idee?"
- „Dein Piercing ist herausragend!"
- „Ihr Outfit ist geschmackvoll!".
- „Ist heute nicht der 3. März?" – „Ja." – „Können sie mir die Uhrzeit sagen?" – „16:05 Uhr." – „Ein historisch relevantes

Datum!" – „Warum?" – „Ich bin Ihnen zum ersten Mal begegnet."

VERWEGENE VERHALTENSWEISEN

Im Alltag ist es sehr häufig an der Tagesordnung, Mitmenschen relativ emotionslos zu begegnen. Kannst du deinen weiblichen Mitmenschen Emotionen entlocken, indem du sie zum Lachen bringst, sollte sich schnell Erfolg einstellen.

Im Umfeld einer Tanzfläche: „Darf ich zum Tanz einladen?"

Lehnt sie ab: „Vortrefflich! Dann können wir uns unterhalten."

Alternativ: "Du hast bestimmt keine Lust zum Tanzen?!" Wenn sie das Gegenteil behauptet oder sogar sagt, dass sie nicht mit dir tanzen will, kannst du entweder „Eine Unterhaltung ist eh interessanter!" oder „Was?! Wieso tanzt du nicht mit mir?" antworten. In jedem Fall ergibt sich ein Auftakt zum Gespräch.

Suche eine Liege mit einer flotten Liegenplatz-Nachbarin. Ist sie für Blickkontakt empfänglich, entfernst du dich Minuten später und kommst mit zwei Eis zurück. Dann schaust du zu ihr uns sagst "Heute ist mein Geburtstag, aber Freunde und Verwandte haben keine Zeit zum Feiern ... Darf ich dafür mit Ihnen feiern?" Es muss gar nicht der Wahrheit entsprechen. Wahrscheinlich weiß sie ohnehin, dass es ein Vorwand ist, um sie kennenzulernen.

Bei einer Bestellung „Ich hätte gerne eine große Cola Light... und Ihre Nummer". Du solltest fröhlich und entspannt wirken, um die Bedienung nicht einzuschüchtern.

Trotzdem wird sie dir ihre Nummer beim ersten Mal wahrscheinlich nicht geben. Aber was hält dich davon ab, zu anderen Zeitpunkten dort etwas zu bestellen? Wenn sie dich sympathisch findet und du ihr dank regelmäßiger Besuche vertrauter wirkst, könnte es mit der Zeit klappen. Falls nicht, sagst du beim vierten Mal:

"Na schön! Ich darf Sie aber bestimmt zum Essen einladen? Von mir aus auch in einem anderen Restaurant." Sollte sie ablehnen, kannst du ihre Reaktion mit „Schade!" kommentieren und dich höflich zurückziehen.

Bezahle bei einem Kauf mit 20 Cent Münzen und erkläre der hübschen Kassiererin unaufgefordert:

„Ich sammelte jeden Monat Tag für Tag Kleingeld, um jetzt mit Ihnen ins Gespräch zu kommen."

Einer Bedienung ein sehr hohes Trinkgeld geben und dabei erläutern: „Ich will es gerne sinnvoll ausgeben." Bevor du anfügst: „Auch gerne für einen gemeinsamen Café".

Zeige ihr ein halb abgebranntes Taschentuch(es kann sich auch um anderes Material handeln). Und kommentiere diese Geste mit den Worten: „Du bist heiß!"

Beim Ausfüllen eines Lotto-Scheins: „Verraten Sie mir ihr Geburtsdatum? Ich brauche noch sechs Zahlen!"

Wenn sie darauf eingeht: Verabrede dich gleich mit ihr, um ihr später mitzuteilen, ob du gewonnen hast. Und sage dann, dass du durch die Begegnung mit ihr auf jeden Fall ein Gewinner bist.

Falls du mit einem Freund losziehst, um gegenseitig Frauen kennenzulernen, lassen sich noch andere Taktiken anwenden, die in diesem Zusammenhang glaubwürdig erscheinen.

Zum Beispiel: "Verzeihung! Ich habe gegen meinen Freund eine Wette verloren und muss jetzt eine wildfremde Frau ansprechen." Zeigt sie Interesse, kann an diesen Auftakt angeknüpft werden.

Oder: „Verzeihung! Mein Freund glaubt nicht daran, dass ich mich traue, so eine attraktive Frau wie Sie anzusprechen. Und erst recht nicht, dass sich daraus eine Konversation ergibt. Was glauben Sie?"

Genauso gut kannst du eine Frau ansprechen, für die sich dein Freund interessiert. Sag ihr in diesem Fall am besten, sein Interesse an ihr gemerkt zu haben und ergänzt, dass er sich nicht traut, den ersten Schritt zu wagen. Wirkt sie interessiert, kannst du ihr deinen Freund vorstellen.

Folgende Taktik eignet sich für Orte, an denen sich Personen stehend nebeneinander aufhalten. Etwa in der Warteschlange von Kino oder neben einem Imbiss, wo sich zu wenig Sitzgelegenheiten befinden, weshalb im Stehen konsumiert wird. Sollte sich in der Nähe eine Frau aufhalten, die du attraktiv findest, positionierst du dich ca. zwei Meter entfernt, wendest ihr aber den Rücken zu. Bevor du deinem Freund in einem nicht zu lauten, aber hörbaren Gespräch mitteilst, warum sie auf dich atemberaubend wirkt.

Er schaut dabei wiederum ab und zu in die Richtung der besagten Frau und beobachtet ihre Reaktion. Sollte sie sich sichtlich geschmeichelt fühlen, kann sie darauf hin angesprochen werden. In diesem Fall müsste dein Freund ihr Anzeichen für Interesse erkennen können. Alternativ kannst du dich so positionieren, dass du selbst ihre Reaktion beobachten kannst.

Auf der anderen Seite lässt sich diese Taktik für deinen Freund nutzen. Indem er bewusst von einer Frau schwärmt und du anhand von ihren Signalen ihr Interesse an ihm einschätzt.

Hat die Dame deiner Wahl wiederum nicht realisiert, dass du mit einem Freund unterwegs bist, bieten sich noch weitere Möglichkeiten.

Ein Trick in vielen klassischen Sitcoms vorgestellt wurde: Dein Freund nähert sich der Frau bewusst auf plumpe Art und Weise. Woraufhin du den Retter spielst, der sie verteidigt, indem du ihn darauf hinweist, wie unangebracht diese Form der Annäherung ist. Hast du den Eindruck, dass sie dieser Darbietung glaubt, zieht er sich zurück. Während du mit ihr über Verhaltensregeln sprechen kannst, die viele Menschen leider nicht mehr anwenden und wie der Umgang miteinander besser funktionieren würde.

Und wenn sie diesen Trick durchschaut?

Dann sagt ihr, dass ein weiterer Freund von euch auf diese Masche schwört. Und ihr ihm beweisen wolltet, dass Frauen von heute zu intelligent sind, um darauf rein zu fallen.

Oder alternativ: Das ihr testen wolltet, ob sie noch immer funktioniert. Anschließend kann ihr die Frage gestellt werden, warum sie diese Masche durchschauen konnte, womit sich ein Gesprächsthema ergibt. Denn mit ihr zu sprechen war und ist dein Ziel.

Kannst du mit einer befreundeten Frau losziehen, bietet sich folgende Strategie an: Sie lässt sich ein paar Meter zurückfallen, folgt dir aber kontinuierlich.

Hast du eine Lady gefunden, die dich anspricht, gehst du zu ihr uns sagst: „Verzeihung, die Frau hinter mir verfolgt mich seit etwa einer Stunde und ich weiß nicht, was ich tun soll. Vielleicht verliert sie das Interesse, wenn ich eine Weile neben dir gehe. Ist das okay?".

Da du deiner Verfolgerin nicht schroff mitteilst, dass sie sich verziehen soll, wirkst du höflich und sensibel, was häufig Anklang findet. Und sollte die von dir angesprochene Frau hinter den Trick kommen, fragst auch in diesem Fall, was sie davon hält.

Eine Möglichkeit auf der verbalen Ebene: Spreche Frauen mit gebrochener, also nicht ganz korrekt ausformulierter Sprache sowie einem Dialekt an und erkundige dich nach der jeweiligen Örtlichkeit. Sie könnte dich für einen Touristen halten. Und hilfsbereite Damen weisen einen höflichen Mann aus weiter Ferne nicht einfach so ab. Davon abgesehen sind viele Frauen sehr an fremden Kulturen interessiert, von denen ein Tourist berichten kann. Das setzt voraus, dass du jener Person, die du ansprichst, bisher entweder nur sehr selten oder noch nie über den Weg gelaufen bist. Sobald das Eis gebrochen ist, sagst du ihr die Wahrheit. Über 75 % der Frauen werden dir diesen Trick nicht übel nehmen, sondern vielmehr als kreativ und originell einstufen.

Du sitzt in einem Café, wo du eine attraktive Frau siehst, mit der du Blickkontakt aufnimmst und erkennst anhand ihrer Signale ihr Interesse? Dann lass ihr von der Bedienung einen Zettel bringen. Auf dem Folgendes geschrieben steht: „Willst du mich küssen? Wenn ja: Bitte einmal Lächeln."

Natürlich geht es primär gar nicht darum, ob sie dich nun küsst, sondern ob sie lächelt oder sogar lacht, weil sie diese Botschaft erheitert. Ist das der Fall, begibst du dich zu ihr und bietest ihr entweder den Kuss an oder suchst ein lockeres Gespräch.

In der Nähe eines Geldautomaten: „Können Sie mir etwas Bargeld übrig lassen?".

Es lässt sich genauso gut um eine andere witzige wie ironische Bemerkung anbringen, die eine bestimmte Situation parodiert und damit lockere Stimmung sorgt. Solche Sprüche musst du auch nicht am laufenden Band bringen, sondern dann bringen, wenn sie zum Zeitpunkt passen und nicht erwartet werden.

FLIRT-GRUNDSÄTZE

Natürlich wird nicht jede Frau bei jedem Flirtspruch automatisch schwach. In diesem Fall ist Flexibilität Trumpf. Auch deshalb gilt: regelmäßig üben! Mit der Zeit wirst du ein Gefühl dafür entwickeln, ob und wie sich eine Kommunikation initiieren und aufrechterhalten lässt, bei der du souverän agieren kannst.

Tagsüber sind die Aussichten auf einen erfolgreichen Flirt signifikant besser, zumal nicht jede Frau damit rechnet und daher nicht von vorn herein auf Abwehr gepolt ist.

In Bars und anderen Locations, die abends oder in der Nacht besucht werden, sieht es hingegen ganz anders aus. Die meisten Frauen wissen, dass sie dort am häufigsten angebaggert werden und geizen daher nicht mit Körben. In einem Buch schrieb der Autor über eine Kollegin, die einem Club absichtlich einen Mann nach dem anderen abwies, um sich danach über sie zu amüsieren. Am Tag war sie aber nicht auf einen Flirt eingestellt und für ehrliche Komplimente umso empfänglicher. Natürlich weiß ich nicht, was an dieser Story dran ist, auf mich wirkt sie jedoch absolut glaubwürdig.

In der Stadt oder einem Einkaufszentrum: „Sie faszinieren mich! Deshalb will ich ihnen diese Rose schenken!"

Hier reagieren Frauen unterschiedlich, viele werden sich aber auch geschmeichelt fühlen. Davon abgesehen erfordert es Mut, so offenkundig Interesse zu äußern, was viele fasziniert.

Es geht aber auch anders: Falls du zufällig weißt, wo jene Frau, die du erobern willst, wohnt, stecke jeden Tag eine anonyme Liebesbotschaft in ihren Briefkasten. Sie wird irgendwann neugierig werden und erfahren wollen, um wen es sich bei ihrem heimlichen Verehrer handelt. Die Wahrscheinlichkeit, dass sie dir deshalb eines Tages höchstpersönlich am Briefkasten begegnet, ist also gegeben.

Eine noch kreativere Methode, die sich eignet, um einer Kollegin näher zu kommen: Stelle einen Joghurtbecher mit gefrorenem Wasser in ihre Nähe. Auf dem geschrieben steht: „Für Mia(sie kann natürlich auch anders heißen). Bitte auftauen lassen!". Lässt sie das gefrorene Wasser auftauen, findet in ihm folgende Liebeserklärung: „Sobald ich an dich denke, geht es mir wie dem Eis: Ich schmelze dahin."

Oder Folgendes: Du erscheinst mit einem DIN-A4-Blatt bei der Frau deiner Wahl und sagst, dass sie einen Haftbefehl erhalten hat. Der genaue Wortlaut: „Sie haben einem Mann das Herz gestohlen. Die Maßnahme zur Bewährung: Ein Date mit dem Bestohlenen".

Noch direkter: Gibt es eine Bekannte, mit der du zusammen sein willst, kaufe ein Briefkastenschild und beschrifte es sowohl mit ihrem als auch deinem Namen. Im Anschluss zeigst du es ihr und fragst, was sie davon hält.

EIN TEDDY ALS BOTSCHAFTER

Bei der Erstellung dieses Werkes las ich von einem Belgier, der einen sehr großen Teddybären in einem Schaufenster platzierte. Um dessen Hals ein Flirttext mitsamt Handynummer hing. Seine Freunde machten sich darüber lustig. Zumindest so lange, bis er von 73 Damen kontaktiert wurde.

Sollte diese Idee für dich interessant sein, wäre mit dem Ladeninhaber abzuklären, ob und über welchen Zeitraum der Teddy dort platziert werden kann. Lässt sich der Inhaber des Ladens darauf ein, wird dafür bestimmt eine Gebühr verlangen.

Aber sollte das der Fall sein, wäre es auch heute eine gute Möglichkeit, durch eine so romantische wie kreative Geste das Interesse von Frauen zu wecken.

Folgende Regel vorab: Du musst nicht perfekt sein! Es geht nicht darum, eine Flirt-Auszeichnung zu gewinnen. Rechne auch mit Misserfolgen. Und noch wichtiger: Lass dir durch sie nicht die Laune verderben. Verhalte dich deshalb so locker wie möglich. Und auch wenn du einer Frau begegnen solltest, die du ganz besonders attraktiv findest: Bitte nicht alles auf eine Karte setzen! Denn damit machst du dir letztendlich nur unnötigen Druck. Und wie willst du dann noch locker flirten? Davon abgesehen: Es gibt sehr viele attraktive Frauen auf der Welt, denen du begegnen kannst.

Ich selbst hatte viel zu oft „der" Traumfrau hinterher getrauert, die mir keine Chance einräumte. Zu einem späteren Zeitpunkt wurde mir wiederum klar, dass sie mir gar nicht mehr so viel bedeutete, da ich sie nie näher kennenlernte. Und mittlerweile einer anderen Frau begegnet bin, die ich noch attraktiver finde.

Wie schon am Anfang dieses Buches erwähnt: Es ist alles Kopfsache. Wenn du optimistisch durch die Welt gehst, wirst du früher oder später einer attraktiven Frau begegnen, die dich näher kennenlernen will.

HANDY AUS- ODER STUMM SCHALTEN

Ein weiterer Tipp, die du unbedingt beherzigen solltest.

Oder willst du deiner Traumfrau gleich zu verstehen geben, dass Ablenkungen wichtiger sind als sie? Wahrscheinlich nicht.

Bereits ein Anruf kann eine romantische Situation nachhaltig zerstören. Also halte sie nach Möglichkeit aufrecht! Natürlich nicht krampfhaft, aber ein unnötiger Anruf oder eine sonstige Meldung deines Handys kann locker im Vorfeld vermieden werden. Indem du es vorab entweder ausschaltest oder zumindest den Ton deaktivierst. Schließlich genießt die Frau deiner Wahl oberste Priorität.

Es sei denn, du bist als Polizist, Feuerwehrmann oder als Notarzt unterwegs und wirst plötzlich angefordert. In diesem Fall wird sie bestimmt Verständnis dafür haben und von deinem beruflichen Status sicher beeindruckt sein.

Doch was ist zu unternehmen du vor dem Flirt nicht an die Deaktivierung deines Handys gedacht hast? Welches sich dann auf einmal meldet. In diesem Fall lässt sich die Situation aber immer noch retten: Du schaltest es jetzt demonstrativ aus oder stumm. Sollte es sich um einen Anruf handeln, teilst du der Person am anderen Ende kurz mit, das du sie gleich zurückrufst.

Schalte dein Handy dann noch kurz aus oder stumm. Für den Fall, dass die anrufende Person deine Situation nicht versteht und dich daher erneut erreichen will. Womit du der Frau demonstrierst, dass sie für dich wichtiger ist.

DIE SPRACHE ALS MEDIUM

Sprache ist nicht nur nützlich, um diverse Sachinformationen verständlich zu vermitteln, sie ist auch ein hervorragendes Instrument, um deinen Charakter zu transportieren. Etwa durch den Klang deiner Stimme, der schon viel über dich verrät. Und beim Flirten geht es primär nicht um die möglichst adäquate Weitergabe von korrekt abgespeicherten Sachinformationen, sondern um die Präsentation deiner Persönlichkeit.

Handelt es sich hierbei schließlich nicht um eine Unterrichtsstunde, bei der die Frau deiner Wahl ihren intellektuellen Horizont so weit wie möglich erweitern soll. Viel wichtiger ist, dass sie sich während der Kommunikation mit dir richtig gut fühlt. Daher kommt es primär nicht auf ein ultra-spannendes Thema an, das Gespräch kann sich auch um eine beliebige Alltagssituation handeln.

Ein entspannter Tonfall, klare Aussprache und zielgerichtete Sätze sind nützlich, da sie Sicherheit und Souveränität vermitteln. Solltest du dich sprachlich verzetteln, ist das auch kein Weltuntergang. Zumal du in dieser Situation mit Humor darüber hinweg sehen kannst, was wiederum für eine lockere Atmosphäre sorgt. Denn auf diese kommt es beim Flirten an.

VIER FLIRT-GEBOTE

1. Positive Stimmung erzeugen und verbreiten

2. Interesse an deiner Gesprächspartnerin

3. Gemeinsamkeiten herausfinden

4. Sie auf dich neugierig machen

DER SMALLTALK

Eines der interessantesten Themen liegt klar auf der Hand: Deine Gesprächspartnerin. Auch hier ist es hilfreich, W-Fragen respektive offene Fragen zu stellen, die nicht mit ja oder nein beantwortet werden können, damit sich gleich eine angenehme Konversation entwickelt. Dies kann ruhig mit der Umgebung und einem Kompliment in Verbindung gebracht werden. Ist die Außentemperatur beispielsweise ungewöhnlich hoch, kann sie darauf angesprochen werden.

Etwa indem du an einem sehr heißen Tag fragst, wie sie es schafft, dermaßen entspannt mit dieser Hitze umzugehen(natürlich nur den Eindruck gewinnst, dass es bei ihr auch wirklich der Fall ist).

In diesem Kontext hast du schon indirekt ein Kompliment geäußert und nicht nur eine gute Stimmung geschaffen(1.), sondern zugleich auch noch Interesse signalisiert(2.). Um Gemeinsamkeiten heraus zu finden(3.), kannst du z. B. kurz erwähnen, dass du zuletzt das Buch mit dem Titel XY gelesen hast, durch Spotify auf einen gewissen Interpreten aufmerksam wurdest oder bei Netflix einen tollen Film entdeckt hast, um exemplarisch ein paar Möglichkeiten zu benennen.

Wenn du merkst, dass sie sich für eines dieser Themen interessiert, in dem sie dir Fragen stellt oder erzählt, gibt es eine Gesprächsgrundlage, die natürlich weiter vertieft werden kann. Wirkt sie diesbezüglich eher uninteressiert, gelangweilt oder irritiert, sprichst du direkt etwas anderes an, bis sie Interesse zeigt.

Die Alternative: Bekenne offenkundig, dass du deinen Tag gerne sinnvoller ausfüllen würdest, aber aktuell noch nicht weißt wie und fragst dann, ob sie dir Tipps geben kann. Damit hast du bereits eine W-Frage gestellt und siehst in deiner Gesprächspartnerin eine Person, von der du dir Hilfe erhoffst, womit du ihr wiederum Wertschätzung entgegenbringst.

Außerdem lernst du sie anhand ihrer Antworten näher kennen. Stelle während der Unterhaltung auch ruhig Fragen, die sich aus dem Kontext ergeben, um ihr zu zeigen, dass du dich wirklich für ihre geäußerte Ansicht interessierst.

Falls für sie Freizeitaktivitäten bei hohen Außentemperaturen interessant sind, kannst du fragen, was sie von Freibädern hält. Sollte sie hingegen das Thema Fortbildungen zu sprechen kommen, erkundigst du dich, für welche Richtung sie sich interessiert. Diese Variante der Gesprächsführung lässt sich auf andere Themengebiete übertragen.

Was hingegen absolut tabu ist: die Frau mit Fragen löchern!

Du willst garantiert nicht den Eindruck vermitteln, ein Verhör durchzuführen? Natürlich kannst du immer wieder Fragen einstreuen, wenn sie etwas gesagt hat. Nur nicht am laufenden Band.

Erzähle also zwischendurch am besten etwas über dich oder ein Thema, das dich in diesem Zusammenhang beschäftigt, bevor du weitere Fragen stellst.

So kannst könntest du z. B. erwähnen, dass du dich aktuell über gesunder Ernährung informierst, mehr Sport treiben willst oder nach einer Methode suchst, die dir hilft, morgens schneller wach zu werden. Damit erzeugst du zum einen Neugierde(4.) und scheust dich zum anderen nicht Ambitionen an den Tag zu legen.

Da du dir Ziele setzt, die du erreichen willst, was häufig als attraktiv wahrgenommen wird. Denn Männer, die lustlos in den Tag hinein leben, ohne etwas vor Augen zu haben, das sie angehen wollen, wirken weniger begehrenswert.

Genauso gut kann dein Hobby deine Passion sein, wenn es sich dabei um allgemein akzeptierte Themen wie Literatur, Musik, Kino, Autos oder Sport handelt. Eine Begeisterung für Pornografie würde hingegen Irritation sorgen, welcher häufig die Ablehnung folgt.

Was viele Flirt-Experten empfehlen: Erkundige dich rasch nach ihrem Namen und verwende ihn häufig. Ich bin zwar der Meinung, dass dieser Tipp überbewertet wird, da ich mich schon angeregt mit Frauen unterhielt, ohne ihren Namen nur ein einziges in den Mund zu nehmen. Kann mich aber auch nicht explizit gegen diesen Hinweis aussprechen und will ihn daher zumindest mal erwähnt haben.

GEEIGNETE SMALLTALK-THEMEN

- Wetter
- Urlaub
- Beruf
- Hobby
- Familie und Kinder
- Beziehungen

- Essen und Trinken
- Haus / Wohnung / Garten
- Mode

UNGEEIGNETE SMALLTALK-THEMEN

- Mobbing
- Politik
- Religion
- Intimitäten
- Krankheiten
- Schulden
- Betriebsgeheimnisse
- Schicksalsschläge

IHRE KONTAKTDATEN ERHALTEN

Dieses Kapitel hätte auch „So kriegst du ihre Nummer" heißen können. Aber: Wenn du ihre E-Mail-Adresse kriegen kannst oder raus findest, wo sie sich auf sozialen Netzwerken aufhält, brauchst du ihre Nummer gar nicht unbedingt. Auf jeden Fall sollte dich die Frau, mit der du Kontakt halten willst, als sympathisch, attraktiv oder vertrauenswürdig einstufen, damit sie dir ihre richtige Kontaktadresse verrät. Ich bekam z. B. einmal eine Telefonnummer, unter der ich die Dame meines Interesses nicht erreichen konnte.

Rückblickend deshalb, weil es gar nicht in ihrem Sinne war, den Kontakt zu mir aufrecht zu erhalten, was ich mir damals nicht realisierte. Wäre ich ihr sympathisch gewesen, hätte sie sich aber ihre echte Nummer mitgeteilt.

Aber welche Möglichkeiten gibt es, um ihre echten und relevanten Kontaktdaten zu erhalten? Auf der einen Seite kannst du ihr sagen, dass du dich gerne mit ihr verabreden willst, also direkt mit völlig offenen Karten spielen. Wenn sie dich bereits als sympathisch, attraktiv und vertrauenswürdig eingestuft hat, besteht die Chance, dass sie sich darauf einlässt.

Ist das nicht so, wird sie sich um eine Ausrede bemühen, dir falsche Kontaktdaten geben oder vielleicht auch ganz klar Nein sagen. Natürlich kein erstrebenswertes Szenario, in dem Fall weißt du jedoch zumindest, was Sache ist.

Falls du hingegen im nicht direkt mit völlig offenen Karten spielen willst, gibt es auch andere Optionen. Sollte es dir z. B. gelingen, mit ihr über ein Restaurant zu sprechen, dass sie noch nicht kennt, an dem sie aber interessiert ist, könntest du abschließend sagen „Ich schick dir den Link zur Website(des Restaurants)." Woraufhin sie Idealfall erwidert: „Aber du hast doch gar nicht meine Mail-Adresse!" oder etwas Ähnliches. Woraufhin du entgegnen kannst: „Stimmt! Wohin soll ich den Link hinschicken?".

Im Idealfall verrät sie dir dann ihre Adresse, unter der du sie erreichen kannst. In einer solchen Situation fällt dir der Name des Restaurants natürlich nicht ein, da sie in dem Fall wahrscheinlich selbst via Google informiert.

Euer Gespräch kann sich aber genauso gut um ein lustiges Video auf YouTube drehen, eine interessante Facebook-Seite oder auch etwas völlig anderes. Hauptsache es gibt Informationen, an denen sie interessiert ist und gerne von dir erhalten will. So hast du einen verständlichen Grund, um sie später über Telefon, Mail oder Social Media zu kontaktieren.

Natürlich kann es auch sein, dass sie diese Taktik durchschaut und dich darauf anspricht. In dem Fall spielst du entweder mit offenen Karten und gibst zu, dass du sie gerne kontaktieren möchtest. Oder du versprichst, ihre Adresse nicht an Datensammler zu verkaufen und nicht ständig Nachrichten zu schicken, um die Situation mit einem Scherz aufzulockern.

Solltest sich euer Gespräch in Richtung Social Media lenken lassen, besteht wiederum die Möglichkeit zu fragen, in welchen Facebook-Gruppen sie aktiv ist oder wem sie auf Instagram folgt. Wenn du derselben Facebook-Gruppe beitreten kannst(neben Öffentlichen gibt es ja auch Private) ist es möglich, die Mitglieder dieser Gruppe einzusehen. Bei Instagram sind wiederum sämtliche Menschen gelistet, die einer bestimmten Person folgen.

In beiden Situationen solltest du nicht nur ihren echten Namen kennen, sondern auch jenen, den sie auf Social Media Plattformen nutzt. Allein für den Fall, dass sie statt eines Fotos von sich selbst z. B. eine Comic-Figur oder das Bild einer anderen Person als Profilbild verwendet.

Möchte sie eine gewisse Anonymität wahren, kann das vorkommen. Aber denke immer daran: Völlig unabhängig vom jeweiligen Medium wird sie deine Nachrichten nur bestimmten Voraussetzungen annehmen und beantworten. Und zwar dann, wenn sie dich im Vorfeld als sympathisch, attraktiv und auf jeden Fall vertrauenswürdig eingestuft hat. Natürlich kann sie auch alle drei genannten Attribute mit dir in Verbindung bringen.

Es ist aber essenziell wichtig, dass sie dich überwiegend positiv wahrnimmt und dir grundsätzlich vertraut! Ist dies der Fall, wird sie sich der Kommunikation mit dir nicht verweigern. Und so lange du dich ihr nicht gegen ihren Willen aufdrängst, ist sie einer angenehmen Konversation mit dir bestimmt nicht abgeneigt.

FACEBOOK DATING

Ich persönlich bin kein Fan von Online-Dating, aufgrund der speziellen Situation im Jahre 2020, möchte ich aber zumindest eine darauf eingehen, wie sich via Facebook flirten lässt.

Entsprechende Gruppen mit Singles aus deiner Region lassen sich schnell finden. Auch hier musst du bei den(weiblichen) Gruppenmitgliedern erst Sympathie und Vertrauen wecken. Dafür eignet sich zunächst ein Profil Bild mit einem Foto von dir, auf dem du möglichst optimistisch und entspannt aussiehst.

Dabei musst du gar nicht selbst zur Kommunikation einladen, denn die weiblichen Mitglieder der jeweiligen Gruppe ergreifen häufig die Initiative. Zum Beispiel werden nicht ganz ernst gemeinte Fragen wie „Sex oder Bier?" gepostet, aber auch Sichtweisen über das andere Geschlecht, wie etwa „Ein Mann flirtet noch mit zwei anderen Frauen, erwartet aber, dass ich ihm vertraue…"

Auf ein Posting dieser Art erwähnte ich einmal, das dieses Verhalten zwar fragwürdig ist, aber nicht nur auf Männer zutrifft, da mir eine junge Frau draußen so lange nachschaute, bis ihr Sitznachbar sie mit „Schatz…" ansprach(und diese Story stimmt!). Kurze Zeit später hatte mich bereits ein weibliches Gruppenmitglied per Messenger kontaktiert. Nicht aus dem Grund, weil sie dachte, dass ich ja besonders attraktiv sein muss, wenn mir andere Frauen nachschauen.

Sondern weil sie diese Anekdote witzig fand und meinen Humor zu schätzen wusste. Falls du also Facebook-Gruppen nutzen willst, um Frauen kennenzulernen, lass bei Posting immer etwas von deiner individuellen Persönlichkeit durchschimmern. Denn nur so können die weiblichen Mitglieder der Gruppe erkennen, was du zu bieten hast, wodurch sich wiederum ihr Interesse wecken lässt.

DATING TROTZ CORONA

Voraussichtlich wird dieses Buch zum Zeitpunkt der Corona-Pandemie veröffentlicht. Welche sich bei sehr vielen Menschen bestimmt auch auf das Dating-Verhalten auswirkt. Deshalb will ich diese Thematik nicht unter den Tisch kehren.

Fest steht: Frauen und Männer halten sich wieder vermehrt außerhalb der eigenen vier Wände auf. Personen, die öffentliche Verkehrsmittel nutzen, werden auf dem Weg Arbeit Mitmenschen begegnen. Menschen, die aktuell nicht arbeiten können, haben andererseits viel Zeit, die sinnvoll ausgefüllt werden will. Du kannst wiederum deine eigenen Möglichkeiten ausloten, auch in puncto Dating. Denn soziale Bedürfnisse von (Single) Frauen und Männern werden durch die Pandemie nicht ausgelöscht, sondern existieren nach wie vor.

Die Möglichkeit, deiner Traumfrau zu begegnen, besteht also noch immer. Und ja, es ist vielleicht nicht jede Frau bereit, sich über einen längeren Zeitraum am selben Ort mit einem Mann aufzuhalten, der sie erst vor Kurzem angesprochen hat. Wenn du in eine solche Situation involviert bist, gibt es jedoch eine Alternative: Das Online-Date! Mittels Apps wie Facetime oder Zoom lässt sich über dein Handy (Bild-)Kontakt herstellen – bei vorhandenem W-Lan völlig kostenlos.

LETZTE WORTE

Was bleibt abschließend zu sagen?

Drei Worte: Üben, üben, üben!

Denn diese Lektüre bringt dir nichts, wenn du es erst liest, danach zur Seite legst und danach den Kontakt zu den Frauen deiner Träume meidest. Du musst also aktiv werden!

Falls du es nicht schon längst bist.

Hauptsache, die fehlt die Angst vor dem Scheitern. Wenn du sie losgeworden bist, kann es richtig losgehen! Und natürlich wirst du nicht überall auf Gegenliebe treffen. Aber das ist für dich nicht relevant. Wichtig ist nur, jene Frau zu treffen, mit der du glücklich wirst.

Zeitfracht Medien GmbH
Ferdinand-Jühlke-Straße 7
99095 Erfurt, Deutschland
produktsicherheit@kolibri360.de

FSC
www.fsc.org

MIX

Papier | Fördert
gute Waldnutzung

FSC® C083411